JN132384

成功する起業家になれる24のチェックリスト

松岡孝敬

大学教育出版

はじめに

人生最後の日にやるべきことはみつかりましたか

「もし今日が人生最後の日だとしたら、今やろうとしていることは本当に自分のやりたいことだろうか?」

（スティーブ・ジョブズ、アップル創業者）

「何かを始めるのは簡単だ。語るのをやめて、行動すればいい」

（ウォルト・ディズニー）

「自分にできる、あるいはできるようになりたいと思ったら、ともかく始めること。大胆さが才能を生み、力を生み、魔法を生む」

（ゲーテ）

2015年、私は、50歳を待たずに25年間お世話になった会社を退社し、会社を興し、コンサルタントとして独立しました。

独立起業を決意するまで、かなりの葛藤がありました。その葛藤の一面には、起業してやっていけるのだろうかといった不安、起業しても成功せず路頭に迷うのではないかといった恐怖感、前職で所属した会社や取引先、お世話になった方々を裏切ることになるのではないかといった罪悪感というネガティブ感情がありました。また、別の一面では、新たなことに挑戦するという高揚感、これからは自分の意思で自分の好きなことをして生きていこうという期待感、自分の能力を最大限に発揮してお客様に喜んでいただける価値を届けるといった幸福感というポジティブ感情がありました。

このような葛藤は、起業する人でしたら誰でも、多かれ少なかれ体験することだと思います。結局、高揚感、期待感、幸福感といったポジティブ感情が、不安、恐怖、罪悪感といったネガティブ感情を凌駕し、起業家は勇気をもって起業するのだと思います。少なくとも私はそうでした。

さらに私の場合は、2つの不安、2つの恐怖との葛藤も生じていました。それは、「独立してやっていけるのか」という不安と「会社に残って自分の望む仕事ができるのか」という不安、「路頭に迷うのではないか」という恐怖と「自分の能力や、やりたいことを没して生きる」という恐怖の2つです。

結局、私は、2つの異なる不安、2つの異なる恐怖を自分の才能・能力を最大限に活用して起業するという勇気によって克服し、独立起業しました。

思い返せば、ビジネススクールの仲間とのアントレプレナーシップ勉強会で最初に見たスティーブ・ジョブズのスタンフォード大学卒業式での素晴らしいスピーチに影響を受け、独立起業に至る勇気が湧いたのではないかと思います。

ジョブズは、スピーチの中で次のように語りました。


私は17歳のときに「毎日をそれが人生最後の一日だと思って生きれば、その通りになる」という言葉にどこかで出会ったのです。それは印象に残る言葉で、その日を境に33年間、私は毎朝、鏡に映る自分に問いかけるようにしているのです。「もし今日が最後の日だとしても、今からやろうとしていたことをするだろうか」と。「違う」という答えが何日も続くようなら、ちょっと生き方を見直せということです。

起業を志す直前の私は、京都に左遷同然の出向中でした。そして、毎朝、鏡で自分のさえない顔を見るたび、「お前は、今日が最後の日だったら、今やろうとしていることをするのか?」と問いかけ、そのたびに「いや違う。やらない」と毎日答えていたのでした。このような状態が繰り返され、私は、いくつかの葛藤を乗り越え、毎日が人生最後の日であっても、自分の最もやりたい仕事をして生きようという勇気が湧き、起業に至ったのです。

本書は、自分の能力を信じ、未来に希望を持ってこれから起業するすべてのアントレプレナーにエールを送る実践書です。日本において、スモールビジネスにおいてもスタートアップ企業を起こすにしても、起業して成功するために必要な要因や知識を24のチェックリストとしてわかりやすくまとめました。このチェックリストを基に準備を進め、戦略や経営計画を立案し、実行すれば、高い確率で起業して成功するようにまとめたつもりです。

本書をお読みいただき、起業するに当たってのマインドの創り方、戦略の立て方、集客戦術の立て方、資金調達の方法などの知識を習得していただければ幸いです。そして、本書をお読みいただいた方が起業され、成功されましたならば、著者として望外の幸せに存じます。

２０２０年７月

松岡　孝敬

成功する起業家になれる24のチェックリスト

目次

1

序章

成功する起業家とは何か

「失敗する人だけが、成功をつかむの」
（ココ・シャネル）

「何が成功か、決めるのはあなた自身。自分のルールで、自分が誇りに思える人生を生きて」
（アン・スウィーニー、ディズニーの元メディア部長）

1 起業家（アントレプレナー）とは何か

一言で、「起業家」とか「アントレプレナー」とか言いますが、そもそも、起業家、アントレプレナーとはどのような意味なのでしょうか。

起業家とは、辞書で調べると、「自ら事業を起こす人」のことを言います。起業家の世間一般のイメージとしては、ベンチャー企業を起こす人のようですが、実際の意味は、ベンチャー企業に限らず、町の小さな商店、あるいは一人で起業するコンサルタントやコーチ、士業の人たちも起業家に含まれます。

アントレプレナーは、起業家と同じ意味に捉えられています。その語源は、フランス語の「Entrepreneur」です。この言葉は、「Between」を意味する接頭辞「Entre（アントレ）」と、「taker」を意味する名詞「preneur（プレナー）」が合わさって「Entrepreneur」となりました。これを直訳すると、「間を取り持つ者」となります。つまり、「アントレプレナー」は、もともとは仲買人や貿易商という意味を持つ言葉だったようです。

(1) シュンペーターの説くアントレプレナー

アントレプレナーを現代の経済学の理論において最初に定義づけたのは、おそらくオーストトリア出身の経済学者、シュンペーターではないかと思われます。

シュンペーターは、著書、『経済発展の理論』の中で、アントレプレナーを、「イノベーションを起こす人」と説いています。これだけを捉えると、「なんだ。やはりシュンペーターのような大経済学者も、起業家はベンチャーでイノベーションを起こすような人を定義しているんだ。個人事業のようなスモールビジネスを起業とは定義していないんだ」と思われるかもしれません。しかし、シュンペーターは、アントレプレナーが起こすイノベーションを次のように分類しています。

① 新しい財貨の生産
② 新しい生産方法の導入
③ 新しい販売先の開拓
④ 原料あるいは半製品の新しい供給源の獲得
⑤ 新しい組織の実現（独占の形成やその打破）

シュンペーターは、この5つのうちのいずれかを起こすことをイノベーションとし、それを起こす人を起業家としています。つまり、ベンチャー企業を創業してイノベーションを起こす人だけが起業家ではなく、事業を起こして「新しい販売先を開拓」する人も、起業家ということなのです。

シュンペーターは、著書の中でイノベーションを「新結合」と表しています。この表現から、シュンペーターの説く起業家（アントレプレナー）をまとめると、「既存の価値を新しく組み合わせて結合し、新たな価値を創る人」と定義できると思います。

(2) ドラッカーの説くアントレプレナーシップ

経営学者、ピーター・ドラッカーは、著書、『イノベーションと企業家精神』の中で、企業家精神（アントレプレナーシップ）のことを「イノベーションを生み出し、それを企業活動へと適応・管理していく力」と定義付けています。

ドラッカーの定義から、彼の考える起業家（アントレプレナー）とは、「イノベーションを生み出し、それを企業活動へと適応・管理する人」となります。

アントレプレナーのそもそもの意味、シュンペーターやドラッカーの主張から、起業家（アントレプレナー）とは、「既存の価値を新たに組み合わせて結合し、新たな価値を創造してそれを企業活動へと適応させる人」とまとめることができるでしょう。本書では、この定義に基づいて、成功する起業家になれる方法を記していきます。

2　米国と日本の起業の実態

よく言われる通説に、「米国では起業しやすいが日本では起業しにくい」というものがあります。それは事実なのでしょうか。ここでは、米国と日本の起業の実態をまとめます。この内容の一部は、中野剛志氏の著書、『真説・企業論』（講談社現代新書）から引用しています。

(1)　米国の起業の現実

一般に、米国は日本に比べて起業しやすく、アントレプレナーが多い企業大国というイメージがありますが、事実はそのイメージとはかなり離れているようです。

１９７７年から２０１３年にかけての米国の開業率と廃業率を推移をみると、米国の開業率は、１９８０年代から低下傾向にあります。２０１０年前後は、開業率よりも廃業率が上回っています。２０１３年の米国の開業率は９％

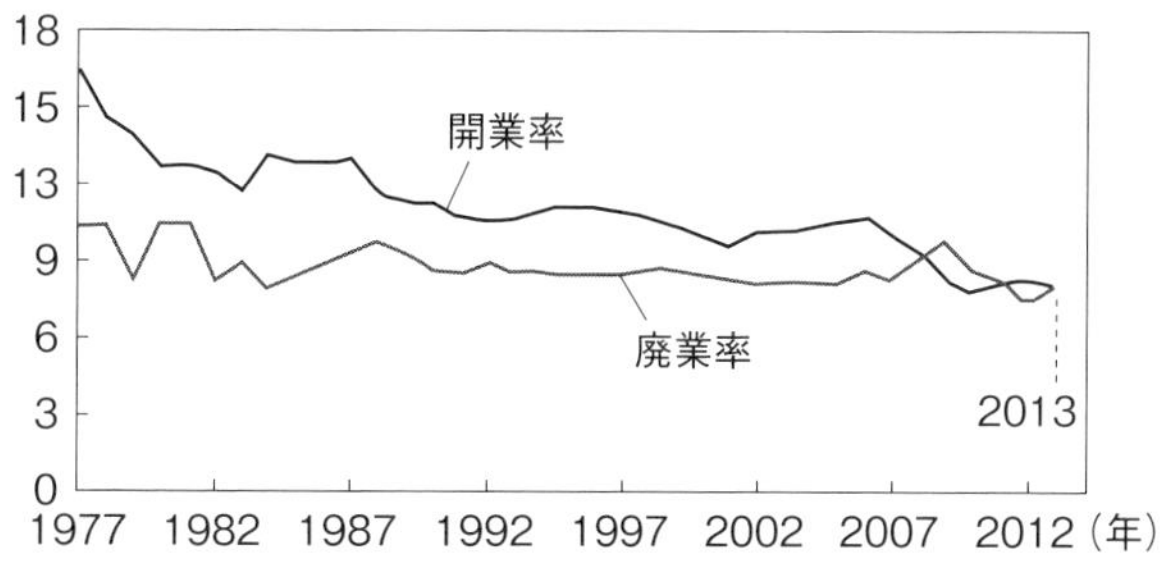

図序－1　起業の開業率と廃業率の推移（1977～2013年）

ほどで、これは同年の英国やフランスの12～13%を下回っています。

さらに、米国の30歳以下の起業家の比率は、1990年代を通じて停滞しており、2010年以降は激減しています。

Apple創業者のスティーブ・ジョブズやFacebookのCEO、マーク・ザッカーバーグのように、20歳代でITベンチャーを起業する人物が、米国のアントレプレナーの象徴であり、ロールモデルのように思われがちですが、最近は、そのような米国のアントレプレナーは、統計上、少なくなっているようです。

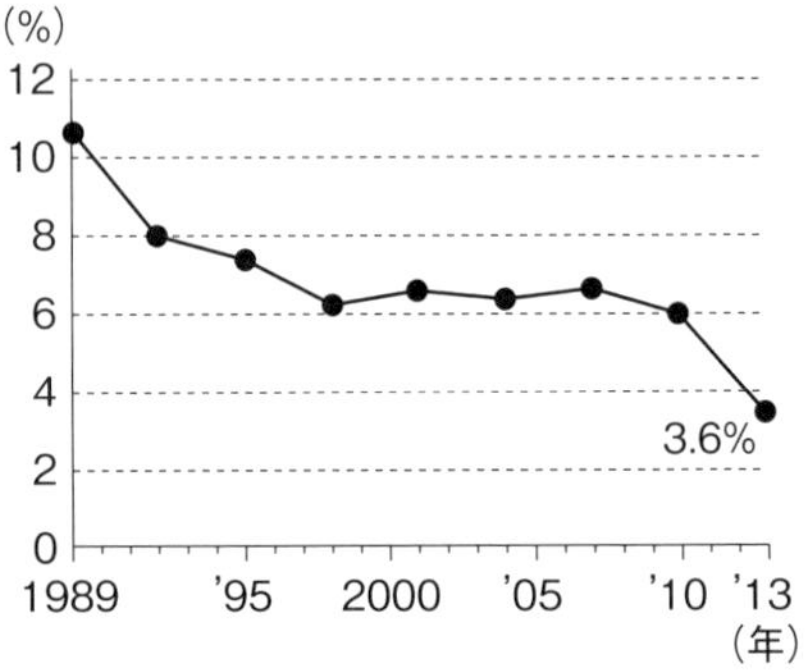

出典：Federal Reserve Survey of Consumer Finances/The Wall Street Jounal

図序－2　米国の30歳以下の起業家の比率

ケースウエスタンリザーブ大学の教授で、ベンチャー企業研究の第一人者、スコット・リザーブ氏は、著書『起業という名の幻想』の中で、さまざまなデータを分析した結果、アメリカの典型的な起業家像を次のように描いています。

「人の下で働きたくないので起業したのであって、急成長する会社を起こそうとしているのではなく、日々の生計を立てようとしている、40代の既婚の白人男性」

これが代表的な米国の起業家の真の姿のようです。よく考えれば、ジョブズもザッカーバーグも、あるいはアマゾン創業者のジェフ・ベゾスも、最初から急成長する会社を起こそうとして起業したわけではなく、好きなこと、可能性のあるモデルに挑戦し続けた結果として、世界的な大企業に育ったように思います。そう考えると、起業自体のハードルは下がるのではないでしょうか。

(2) 日本の起業の実態

日本の起業の実態について、他国と比較しながら分析し、考えてみましょう。ここでの資料は、2018年度の中小企業白書から引用しています。

2001年から2015年にかけて、日本、米国、英国、ドイツ、フランスの開廃業率の推移を調べると、日本の開業率は5％前後、廃業率は4％前後と欧米諸国に比べて一貫して非常に低い水準で推移していました。一方、英国やフランスは足下の開業率はともに13％前後であり、日本と比べ10ポイント近くも高くなっていることが明らかになりました。

このような日本と欧米諸国の開業率の差は、なぜ起こるのでしょうか。起業意識の比較を通して考察してみます。

世界の主要国が参加する「Global Entrepreneurship Monitor（グローバル・アントレプレ

ナーシップ・モニター）」（ＧＥＭ）調査では、「周囲に起業家がいる」「周囲に起業に有利な機会がある」「起業するために必要な知識、能力、経験がある」の三つの項目いずれについても「該当しない」と回答した人を、「起業無関心者」と定義しました。２００１年～２０１２年の日本と欧米諸国の起業無関心者の割合の推移を見ると、日本の起業無関心者の割合は60～70％以上と、欧米諸国の20～30％と比べて高い水準で推移しています。

起業無関心者ではなく、起業に関心を持っている人（起業関心者）と起業活動をしている人（起業活動者）に注目してみましょう。全体に占める起業活動者の割合について、日本と欧米諸国とを比較してみると、日本は欧米諸国に比べて低く推移しています。ところが、起業関心者に占める起業活動者の割合に限ってみると、英国やドイツ、フランスよりも高く、米国とほぼ

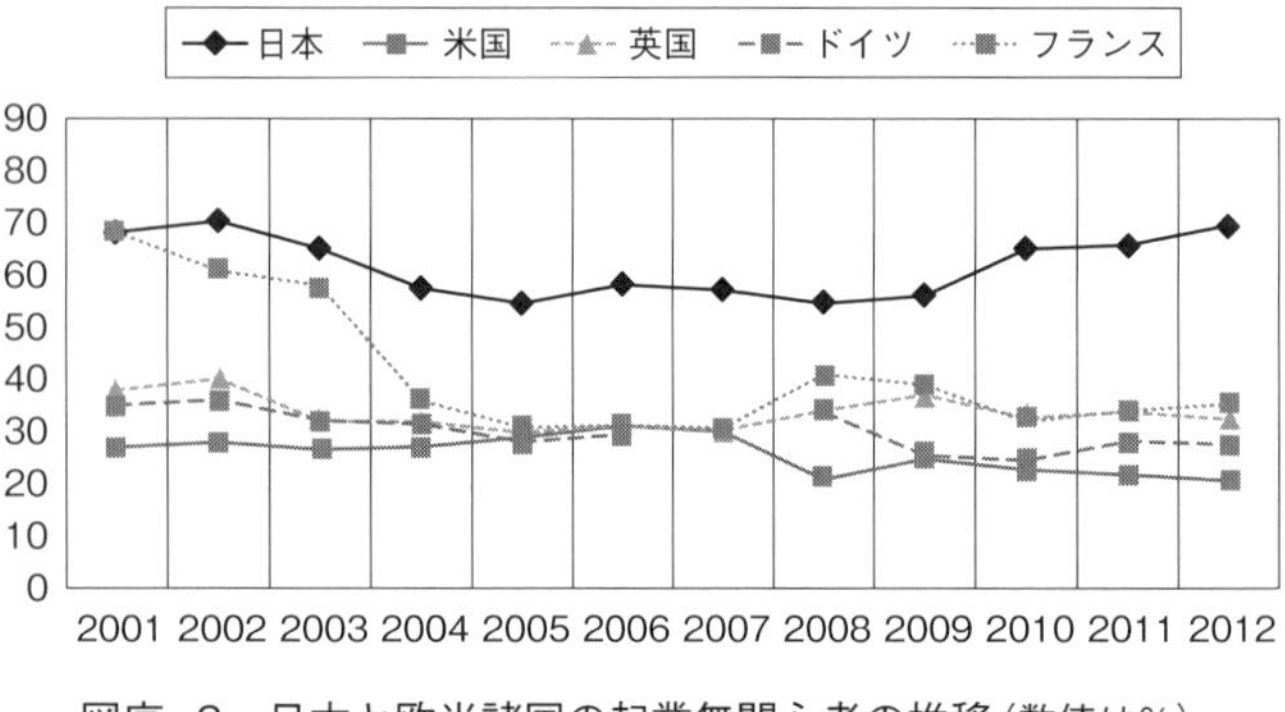

図序−3　日本と欧米諸国の起業無関心者の推移（数値は％）
（2018年度中小企業白書のデータを基に著者が作成）

同じレベルであることがわかりました。

今までの調査結果から、日本は欧米に比べて起業に無関心な人の割合は高いが、いったん起業に関心が向けば、米国並みに起業する人が多いことになります。それでは、起業関心者は、どのようなことがきっかけで起業を決断するのでしょうか。

起業家と起業希望者・起業準備者の起業に関心を持ったきっかけを調査したところ、起業家・起業希望者・起業準備者を問わず最も割合の高いきっかけは、「周囲の起業家・経営者の影響」でした。

また、起業家は、「勤務先の先行き不安・待遇悪化」「周囲（家族・友人・取引先等）に勧められた」「事業化できるアイデアを思いついた」といったきっかけの割合が起業希望者・起業準備者に比べて特に高くなっていました。一方、起業希望者・起業準備者は「勤務先ではやりたいことができなかった」「働き口（収入）

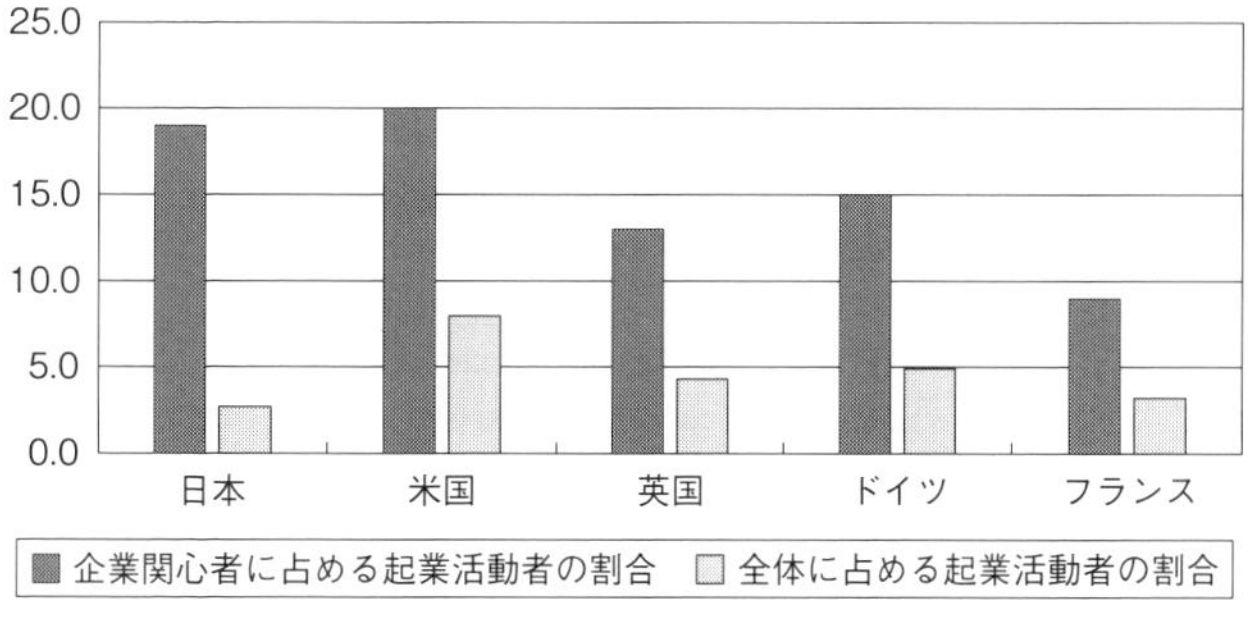

図序−4　日本と欧米諸国の起業関心者と起業活動者の割合
（数値は％）
（2018年度中小企業白書のデータを基に著者が作成）

を得る必要があった」「家庭環境の変化（結婚・出産・介護等）」といったきっかけの割合が起業家に比べて高いことが明らかになりました。

このことからも、起業に関心を持ってから実際に起業に至るためには、周囲から起業を勧められることが重要なきっかけとなることがわかります。

さらに、起業家の起業した目的を調べると、「自分の裁量で自由に仕事がしたい」が最も高く、次いで「社会貢献したい」「仕事の経験・技術・知識・資格等を活かしたい」の順になっていることがわかりました。

以上のような調査結果をまとめると、日本の起業家の典型的な姿とは、「いったん起業を志せば強い意思で起業し、起業に際しては周囲の起業家や家族の勧めがあり、影響を受けており、自分の裁量で仕事をしたいという欲求が強く、また、自分の経験や技術、知識を活かして社会貢献したいという目的を持っている人」と考えられます。

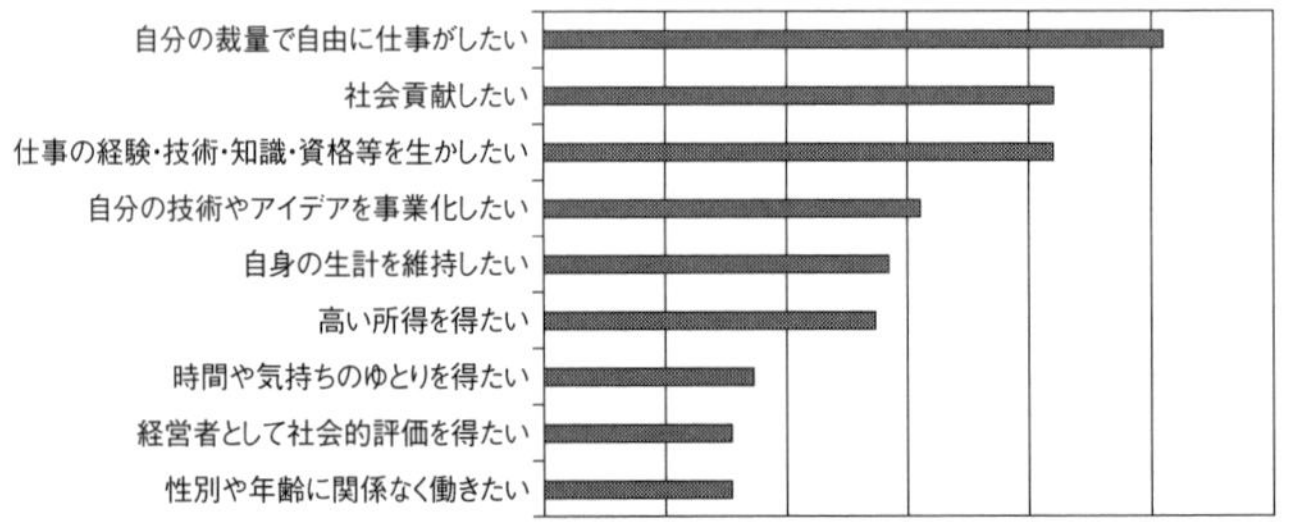

図序－5　起業家の起業した目的（数値は％）
（2018年度中小企業白書のデータを基に著者が作成）

3　海外の教育にあって日本の教育に不足している致命的なこと

ＧＥＭの調査では、日本と欧米の起業意識には、相当な差があり、日本の起業家の起業意識は、欧米諸国のそれに比べ、極めて低くなっています。

なぜこのような起業意識に大きな差が生じているのでしょうか。さまざまな要因が考えられますが、私は、日本と欧米諸国の中等教育に大きな要因があると考えます。特に、お金に関する教育と感情認知に関する教育です。

ここでは、日本と欧米諸国の金融教育に焦点を当てて記します。

(1)　日本と欧米のお金の教育の違い

①　日本の金融教育の実態

日本の中学校や高等学校でのお金に関する教育、いわゆる金融教育に割く時間は、中学校１～２年生では０時間、中学校３年生～高等学校３年生までの各学年で１～５時間程度という調査結果が出ています。

ほとんどお金に関する教育がなされていないですね。これは、金融教育の必要性を認識しているものの、カリキュラム上、そこまで時間を割けられない状況とか、指導する教員が不足していることなど、さまざまな原因が考えられますが、私は、日本の国民に根付いているお金に対する捉え方、伝統的な認知、思い込みも原因にあるように思います。

日本は江戸時代から儒教思想が普及し、お金のことを公に話すことを潔しとしない風土が醸成されたように感じています。儒教では、「商は詐なり」という言葉に表されているように、お金儲けを嫌う捉え方があるようです。そのような認知が、日本の高潔さ謙虚さを尊ぶ国民性と相まって、金融教育が普及しない深い部分での原因のように感じます。

② イギリスと米国の金融教育の実態

日本と比べ、イギリスとアメリカの金融教育は遥かに進んでいます。まずはイギリスの教育を見てみましょう。

ｉ　イギリスの金融教育

イギリスでは、5～7歳の小学校低学年の年代、7～11歳の小学校中学年の年代、11～14歳の小学校高学年・中学校の年代、14～16歳の中学校・高等学校の各年代で、段階的に金融ケイパビリティー（金融能力）を育成する教育システムが構築され、実施されています。

では、イギリスで小学校低学年から教育されている金融ケイパビリティーとは、どのようなものでしょうか。それは「金融についての知識と理解」「金融についての技術と能力」「金融についての責任」３つの分野で構成されています。

「金融についての知識と理解」とは、貨幣とは何か、貨幣の源泉としての収入、貨幣はどこに行くか（家計支出、税金、社会保険料）に関する理解を深める分野です。「金融についての技術と能力」とは、お金を管理する、お金を使う、予算を立てる、リスクとリターンの基礎知識を資産運用に適用するなどの金融に関する技術や能力を理解する分野です。そして、「金融についての責任」とは、個人の金融行動に対して自己責任だけでなく、家族や社会などに対して与える影響も考慮して行動すべき「個人の社会的責任」などについて理解を深める分野です。

つまり、イギリス人の起業家は、小学生の頃から、お金の正体、お金の社会での流れ、お金を稼ぐという意味とスキル、お金を管理するスキルとさまざまな選択肢、そしてお金に関する行動に対する個人的かつ社会的責任についても学んでいることになります。背景となる知識の豊富さに関して、日本の起業家とは大きく差を開けられていますね。

ii　アメリカの金融教育

アメリカもイギリスと同じように、子どもの金融教育は盛んです。アメリカの金融教育は、パーソナルファイナンス（個人のお金の計画や管理）が中心で、いくつかの考え方や選択肢を学びながら、さまざまな場面で応用できる知識を習得できる内容になっています。

その内容には、投資信託や株式などの金融商品やリスクに関して、無料オンラインゲームなども利用しながら、資産運用の商品やしくみをより具体的に学べるようになっています。

下の表は、日本とアメリカの金融資産構成の比較です。

日本で最も多い資産構成は現金・預金の51・5％に対して、アメリカでは株式などが35・8％と最も多くなっています。この結果は、日本とアメリカの金融教育の違いからくるものではないかと推測しています。

③「タラントンのたとえ」が示唆すること

日本とイギリスやアメリカとでは、金融教育に大きな差が開いていることを記しました。そもそも、日本では金融教育が重視されず、イギリスやアメリカではなぜこれほどまでに金融教育を重視するのでしょうか。私は、宗教観の違いが根底にあるのではないかと考察しています。

「タラントンのたとえ」をご存知でしょうか。これは新約聖書のマタイによる福音書25章14〜30節に記されている話です。ここで言う「タラントン」は、お金の単位です。1タラントンとは、現在の日本円に換算すると、6000万円の高額になります。

表序−1　日本とアメリカの金融資産構成の比較

	日本	アメリカ
現金・預金	51.5%	13.4%
債務証券	1.4%	5.6%
投資信託	5.4%	11.0%
株式など	10.0%	35.8%
保険・年金・定額保証	28.8%	31.2%
その他	2.9%	2.9%

（資金循環の日米欧比較2017年8月18日　日本銀行調査統計局のデータを基に著者改変）

「タラントン」は、「タレント（才能）」の語源とも言われています。私たち日本人は、「才能」という言葉を、「個人のもつ物事を成し遂げる素質や訓練によって身に付けた能力」といった意味として使っていますが、欧米人が使う意味には、日本人が使う意味の前提として、「神様から与えられたもの」が加わるようです。

「タラントンのたとえ」を要約して紹介します。

ある人が旅に出るとき、３人のしもべ達を呼び、３人それぞれの能力に応じて自分の財産を預けました。ある者には、５タラントン、ある者には2タラントン、そしてある者には、１タラントンを預け、主人は旅に出ました。そして旅から帰ってきて、それぞれのしもべに預けた財産について尋ねたところ、５タラントンを預けられたものは、それで商売して、それを10タラントンにして、主人から大変ほめられました。２タラントンを預けられた者も、同じようにして商売をして、それを倍にして、同じ言葉で主人からほめられました。ところが、１タラントンを預けられた者は、それで商売をして失敗することを恐れて、それを地面に隠しておいて、1タラントンをそのまま主人にさしだしました。それをみた主人は激怒し、３人目のしもべは大変ひどく主人から叱られ、罵倒され、ついには、外の暗闇に追い出せ、と言われました。

このたとえ話の主人は神様、しもべ達は人間にたとえられていると言われています。そして、主人が能力に応じて与える財産に差をつけたのは、それぞれのしもべに与えたタラントンをそれぞれがそれを使って同じように増やすと期待して与えたと捉えられます。つまり、5タラントンもの多額の資産を与えた者は、資産運用や商売の才能が最も長けていたからこそ多額の資産を預け、2タラントン、1タラントンを預けた者は、5タラントン預けたしもべほどではないにせよ、2タラントンや1タラントン分は増やせる才能は持っているだろうと期待して財産を預けたということのようです。

5タラントンと2タラントンを預けられたしもべは、主人（神様）の期待に応え、「神様から与えられた才能（タレント）」を活用し、資産を倍増させました。ところが1タラントンを預けられたしもべは、主人（神様）の期待に背き、自らの才能（タレント）を活用することなく、資産を増やさず寝かしたままにしました。その結果、主人の逆鱗に触れ、そのしもべは財産を取り上げられ、追放されたのです。

5タラントンと2タラントンを預けられたしもべは、自らの才能や能力を発揮し、リスクテイキングして起業や資産運用して財産を増やすイギリス人やアメリカ人を彷彿させます。また、リスクを過度に怖がって1タラントンを地面に隠したしもべは、起業や資産運用に消極的な日本人を想像させます。

これは国民性、さらにいえばそれぞれの国民の宗教観・価値観の違いですから、どちらが良いか悪いか、肯定的か否定的か、現代に適しているか不適かを分明することはできません。資産運用やビジネスに対する捉え方や価値観は人それぞれでどのようなものであれ認められるべきだと思います。ただ、日本とイギリス、アメリカにおいて、子どもの頃からの金融教育の実施と重要性の認識に大きな差が開いている根幹の要因には、このような宗教観、お金に関する価値観の違いがあるということは考察できると思います。

自らの「神様から与えられた才能」を活用して資産を増やすことは、神の御心に沿った尊い行為であり、才能を無駄にして資産を増やさない行為は、神の意に反する罪深い行為と捉えていれば、自ずと子どもの頃から金融リテラシー教育は重要視されることは想像に難くありません。逆に、お金は大事だけれど「お金儲けは人をだますような行為」だと潜在的に刷り込まれているようであれば、お金の教育は必要だし重要だけど他にも大事なものがあるのだからそこまで時間がとれないよと金融教育を避けることも容易に想像できますよね。

4　お金とは何か

日本と欧米とは、子どもの頃からの金融教育に大きな差があり、それが日本と欧米との起業意識の差に影響を及ぼしていると考えられます。

金融教育では、イギリスのカリキュラムでも触れたように、貨幣とは何かをまずは教育します。ぶっちゃけ「お金とは何なの?」という教育を小学校低学年から叩き込むのです。日本人の多くは、お金とは何かということを真剣に捉えないし、それを避けているようにも感じます。起業している人でさえ、「お金って何ですか?」と尋ねても明確には答えられないでしょう。

この項では、成功する起業家を目指すに当たって、理解しておくべきお金のことを記します。この項の多くは、中野剛志氏の『日本の没落』を参考に記述しています。

(1) 商品貨幣論と信用貨幣論

現在の貨幣に関する学説は、「商品貨幣論」と「信用貨幣論」の2つに大きく分かれます。それぞれを簡潔に解説しましょう。

① 商品貨幣論

商品貨幣論とは、物々交換の効率の悪さを克服するために交換手段に便利な「物」として金属貨幣を使い始めたという学説です。金属貨幣は、それ自体が貴金属でできており、それ自体が「商品」として取引されるということになります。江戸時代の大判小判といったものが金属貨幣とイメージしていただければ良いと思います。

紙幣は、金属貨幣よりも便利な交換手段という理由で使われるようになりましたが、紙幣の価値の根拠は、金属貨幣との交換が保証されていることによります。これが商品貨幣論です。

つまり、お金は「商品」という考え方です。

お金の考え方として、商品貨幣論は広く現代に普及しています。外貨を商品のように売り買いする市場があり、FX等で取引をされた方には、お金は商品だろうと思うかもしれません。ところが、それは本当でしょうか。紙幣は、それに見合った価値のある貴金属と交換できるのでしょうか。

商品貨幣論は、貴金属との交換を保証しない不換紙幣の登場によって事実ではなくなっています。つまり学説が正しいと証明できないものになっているのです。1971年に米ドルは金との交換が停止されているにもかかわらず、現在でも依然として基軸通貨として流通しています。そして、現在世界で流通している紙幣はほぼ不換紙幣です。読者の皆さんが、1万円札を持って銀行の窓口に行き、「1万円に相当する金と交換してください」とお願いしても、絶対に交換してくれないはずです。

要するにお金は「物」「商品」ではなくなっているのです。ではお金とは何でしょうか。

②　信用貨幣論

貨幣に関するもう1つの学説、信用貨幣論は、お金は「商品」ではなく、特殊な「負債」、つまり、特殊な借金とする学説です。お金に関する学説は、こちらの方が有力のようです。

イギリスの中央銀行、イングランド銀行も信用貨幣論を指示しており、その季刊誌において、貨幣が負債であることをわかりやすく解説するために、孤島におけるロビンソン・クルーソーとフライデーの物々交換という想定でわかりやすく説明しています。この件は、中野剛志氏の『日本の没落』に記されていますので、少し長くなりますが引用し、紹介します。

孤島では、クルーソーが野イチゴを集め、フライデーが魚を獲ってきて、二人が野イチゴと魚を物々交換します。ただ、同時期での物々交換はまれで、実際には、クルーソーが夏に野イチゴをフライデーに渡し、フライデーは秋に魚をクルーソーに渡すといった場合が生じます。この場合、夏の時点では、クルーソーにはフライデーに対する「信用」が生じ、反対にフライデーにはクルーソーに対して「負債」が生じることになります。そして、秋になってフライデーがクルーソーに魚を渡すと、フライデーのクルーソーに対する「負債」は消滅します。

実際の商品やサービスの受け渡しと決済との間には、時間差があるのが普通です。そのため、売り手と買い手の間には、クルーソーとフライデーの間に見られたような「信用・負債」の関係が発生します。この関係は、負債の返済によって消滅します。このように、現在の売買取引は、実は「信用取引」なのです。

現在の売買取引は、二者間で行われるだけでなく、多くの当事者と交わすため、信用取引（信用・負債の関係）は無数に存在します。ある二者間の取引で発生した「負債」と、別の二者間で交わされた「負債」を相互に比較し、決済できるようにするために共通の表示単位が必要になりました。この「負債」の共通の表示単位が円やドル、ポンドといったもので、これを私たちは貨幣と呼んでいるというのが信用貨幣論です。

つまり、信用貨幣論では、お金は「商品」ではなく、「負債」、つまり「借金」であり、「信用」であるということなのです。

③　お金はどこから創られるか

現代では、商品貨幣論よりも信用貨幣論が有力な説と考えられています。最近注目されている現代貨幣理論（ＭＭＴ）も信用貨幣論です。となると、お金は負債ということになりますので、誰しも負債を負えばお金を創造することができることになります。

実際は、負債には、債務不履行（デフォルト、借金が返済できない状態、破産）の可能性がつきまとうので、誰の負債でも貨幣として受け取られるというわけではありません。広く信用取引に受け入れられ、交換手段として用いられる「貨幣」は、債務不履行の可能性がほとんどないと信頼される特殊な「負債」が条件となり得ます。

現代において、そのような特殊な「負債」として信頼され、「貨幣」となり得るものは、一般に、「現金通貨（中央銀行券と鋳貨）」と「銀行預金」です。「銀行預金」が「貨幣（お金）」になるとは意外かもしれませんが、「銀行預金」は、給料の受け取りや貯蓄に使われているように、実質上、「貨幣」として機能しているからです。

現金通貨のうちの中央銀行券（紙幣）は中央銀行が創造することができ、銀行預金は商業銀行が創ることができます。つまり、現代経済において、お金を創造できる機関は、中央銀行と商業銀行ということになります。

多くの方々が、商業銀行は、法人や個人が預けた銀行預金を原資として、貸し出しを行っていると認識されていると思いますが、この認識は誤りです。実際には、商業銀行は、銀行預金という貨幣を元に貸し出しを行っているのではなく、その逆で、貸し出しを行うことによって銀行預金という貨幣を創造しているのです。そして、借り手が借金を返済すると、銀行預金という通貨は消滅します（じゃあ、銀行預金を元に貸し出しをしないなら、なんで商業銀行は、法人や個人から預金を多く集めようとするの？という疑問が湧いてきますが、これにはさまざまな説があり、説明するとかなりの紙幅をとりますので、説明を割愛させていただきます）。

先に紹介したイングランド銀行は、この銀行預金という信用貨幣の創造を次のように説明しています。

例えば、商業銀行が借り手のA社の預金口座に1000万円を振り込むとき、それは商業銀行が保有する1000万円の現金をA社に渡すわけではありません。A社の預金口座に1000万円と記帳するだけなのです。つまり、この銀行は、何もないところから1000万円という預金通貨（お金）を生み出していることになります。ペン1本で記帳することによって無から生み出されるお金であることから、イングランド銀行は、これを「万年筆マネー」と呼んでいます。

したがって、銀行は、元手となる資金の制約を受けることなく、潜在的には無尽蔵にお金を貸し出すことができます。ただし、借り手の返済能力が制約条件となります。つまり、銀行は、借り手に返済能力があると判断する限り、いくらでもお金を貸し出すことができる、特殊な負債であるお金を創造することができるということです。

④　お金とは「負債」であり、「信用」である

これまでの内容をまとめますと、お金とは、特殊な負債であり、商業銀行が貸し出しすることによって創られる信用貨幣です。銀行は、借り手の返済能力を判断して信用貨幣を生み出します。

つまり、お金とは、決して「物」でも、「商品」でもなく、法人または個人の「（返済能力を基にした）信用」と言い換えることができます。有形物ではなく法人や個人に内在する無形物です。その信用があれば、皆さんも銀行から借り入れることでお金を創造することができるということです。

起業して自らの力でお金を稼ぐということは、そのような信用を創り上げていく、増やして

いくということにつながります。成功する起業家とは、お金は信用だということを理解し、より多くのお客様から信用をいただき続けることができる人と言えます。

5　起業を妨げる要因と促進する要因

(1)　起業を妨げる要因

これまでの解説において、日本における起業を妨げる要因、障害となる要因を整理してみましょう。それは、次ようにまとめられます。

①　起業に対する不安、負債などを伴うリスクへの恐怖
②　周囲に起業家が少なく、周囲の理解が得られない。
③　自分の好きなことや得意なことがわからない。
④　自分の好きなことや得意なことを事業化するアイデアがない。
⑤　自分の好きなことや得意なこと、本当にしたいことでお金を稼ぐしくみがわからない。
⑥　お金の扱い方、資産の増やし方、お金の実態を理解していない。

2018年度の中小企業白書では、過去の起業関心者を除く起業無関心者と起業希望者・起業準備者のそれぞれが起業に対して持っているイメージを比較したデータが記載されていま

す。

この調査結果を見ますと、過去の起業関心者を除く起業無関心者は、「リスクが高い（失敗時の負債等）」、「所得・収入が不安定」の2つのイメージが際立っています。このようなことから起業に際しての最大の障害は、起業家のマインド面の強化、リスクに対する否定的な側面・認知の歪みにあると考えられます。前述した企業を妨げる要因の1番目「①起業に対する不安、負債などを伴うリスクへの恐怖」に当たるものです。

起業無関心者に対し、起業希望者・起業準備者は、「リスクが高い（失敗時の負債等）」「所得・収入が不安定」の項目が高い点において、起業無関心者と共通しています。ただ、異なる点は、「労働時間が柔軟」「仕事と家庭との両立が可能」「所得・収入が高い」「チャレンジしやすい」などの起業に対する肯定的なイメージも合わせて持っていることです。この点を探求すれば、起業家

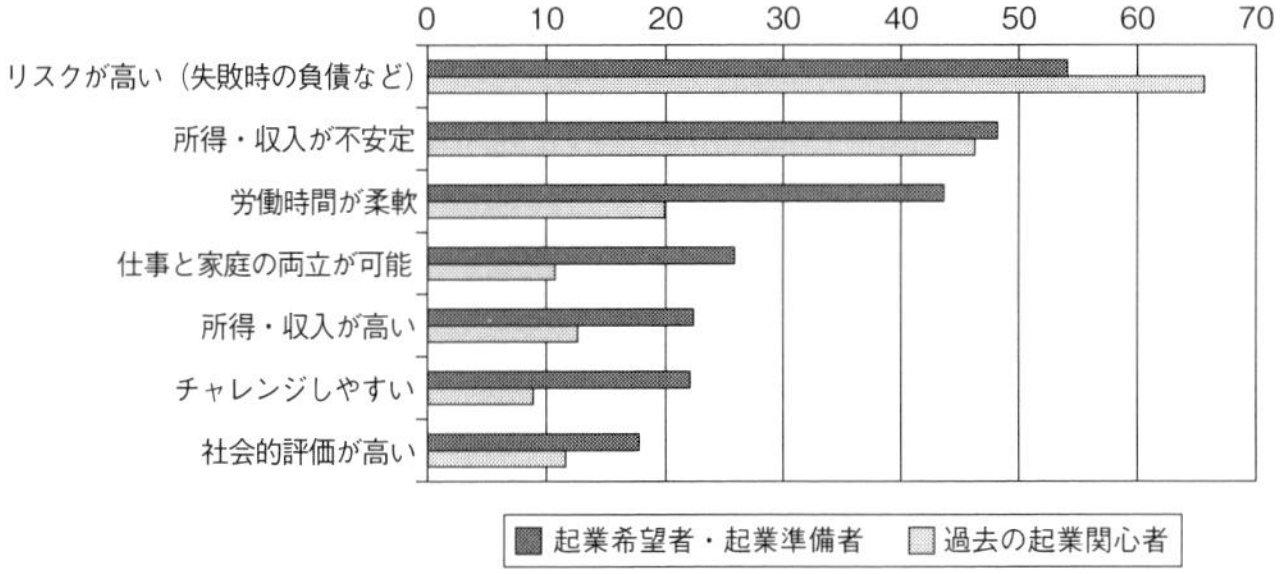

図序−6　起業に対して持っているイメージ（数値は％）
（2018年度中小企業白書のデータを基に著者が作成）

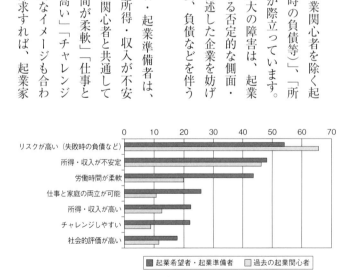

を促進する要因が明らかになってくると思います。

(2) 起業を促進する要因

2018年度の中小企業白書には、起業準備者が起業の具体的な起業準備に踏み切った理由についてのレポートが記されています。それによれば、男女共に、いずれの年代においても、「起業について家族の理解・協力を得られた」の割合が最も高くなっていました。また、34歳以下の男性に限れば、続く理由として「製品・商品・サービスの具体的なアイデアを思いついた」(19・7%)、「起業についての相談相手が見つかった」(17・6%)、「具体的な事業化の方法がわかった」(16・5%)、「社会貢献につながる経営理念が明確になった」(16・0%)でした。さらに、60歳以上の年代は「事業に必要な知識や経験が蓄積された」「時間的な余裕ができた」の割合がそれぞれ高くなっていました。

これらの調査結果も参考にしながら、起業を促進する要因をまとめますと、次のように整理できます。

① 家族の理解・協力
② 商品・サービスの具体的なアイデアの存在
③ 相談相手、サポーター、メンター

④　具体的な事業化戦略
⑤　不安やリスクへの恐怖を払しょくする明確な経営理念
⑥　事業に必要な知識や経験

6　成功する起業家に必要な条件

これまでの内容を基に、成功する起業家に必要な条件をまとめてみます。

まずは、起業家（アントレプレナー）の定義を再度記します。起業家とは、「既存の価値を新たに組み合わせて結合し、新たな価値を創造してそれを企業活動へと適応させる人」でしたね。

では、成功する起業家とは、「既存の価値を新たに組み合わせて結合し、新たな価値を創造してそれを企業活動へと適応させ続けることができる人」です。新たな価値を創造して企業活動する過程においては、失敗をすることが多く、上手くいくケースの方が圧倒的に少ないと思います。起業して成功するには、失敗しても過度に落ち込まず、失敗を失敗と思わず、失敗から学び、克服していくしなやかで強靭なマインドが必要です。さらに、そのマインドに裏付けられた、社会貢献につながる明確な経営理念も必要になってきます。そのような経営理念が明確になれば、家族の理解や協力が得られ、逆境に遭っても協力してくれる相談相手やメンターを引き付けるはずです。

創造した新たな価値を企業活動に適応し続けるには、具体的な事業化戦略や、商品・サービスの具体的なアイデアが必要になります。起業して成功するには、自己の能力を生かした商品・サービス創りの経営戦略が必須となり、起業家は成功するために戦略策定能力を常に磨いていかなければなりません。

既存の価値を新たに組み合わせて結合し、新たな価値を創造しても、その価値を市場に届け、お客様に提供しなければ企業活動は成り立ちません。起業して成功するには、安定的にお客様を獲得するしくみ創りを可能にする集客・営業戦術が必要になってきます。起業家は成功するために、安定してお客様を獲得し、信頼関係を継続させるしくみを常に創り、実行しなければなりません。

さらに、お客様や取引先、金融機関などからの「信用」を基にした資金を運用する資金管理能力も、成功する起業家には必要になってきます。「信用」をきちんと管理しなければ、「信用」を失うことになり、お客様や取引先、従業員などのステークホルダーからの信頼を喪失し、企業活動が成り立たなくなります。

以上のことから、成功する起業家に必要な条件は、次の４つになります。

①　しなやかで強靭なマインドとそれに裏付けられた経営理念
②　自己の能力を生かした商品・サービス創りを可能にする経営戦略策定能力
③　安定的にお客様を獲得するしくみ創りを可能にする集客・営業戦術
④　「信用」を基にした資金を運用する資金管理能力

次章から、上記の４つの条件から導き出される24のポイントをチェックリストとしてまとめ、解説します。そのチェックリストに沿って自ら置かれている現在の環境や状況を分析することで、成功する起業家に近づいていけます。

24のチェックリストは、ひとつひとつクリアして進んでください。チェックできなければ、一度、そこで立ち止まり、チェックできるまで状況を改善するよう努めていただきたいと思います。

第1章 理念編 ――成功する起業家に必要なマインド創り――

「とにかく、とりかかれば心が燃え上がるし、続けていれば仕事は完成する」

（ゲーテ）

「能力以上の何かができるのは、自分で心を決めたとき」

（J・K・ローリング、ハリー・ポッターシリーズ著者）

チェックリスト1　覚悟を決めているか？

あなたは起業する覚悟を決めていますか。

突然、こんな質問を受けても戸惑うかもしれませんが、これから起業する上で、覚悟を決めることは、非常に重要です。

では、起業する覚悟とは、どういうものでしょうか。

1　起業する覚悟とは

「覚悟」を辞書で調べると、「危険なこと、不利なこと、困難なことを予想して、それを受けとめる心構えをすること」とあります。また、別の意味には、「迷いを脱し、真理を悟ること」ともあります。

このような意味から、「起業する覚悟」とは、「起業への迷いを払しょくし、起業に際して起こるであろう試練や逆境を受け止める心構え」と言い換えることができるでしょう。

あなたは、起業への迷いを振り払い、試練を受け止める覚悟はできていますか。

２　起業家とそうでない人との違い

序章で記した起業家（アントレプレナー）とは、「既存の価値を新たに組み合わせて結合し、新たな価値を創造してそれを企業活動へと適応させる人」でしたね。この定義から考えると、会社を興したり個人事業主として独立したり、あるいは副業として本業とは別に収入を得たりする人だけがアントレプレナーではなく、企業に所属し、報酬を得ているサラリーマンでも、アントレプレナーの定義に含まれます。

起業家を狭い意味で、企業経営者、個人事業主に限ると、会社から給料を得ているサラリーマンとは何が違うのでしょうか。

(1)　企業経営者、個人事業主のメリットとデメリット

自分で会社を興した人や独立した個人事業主は、野生動物にたとえられます。わかりやすく野生のトラにたとえましょう。

野に放たれたトラは、自分の好きなことが自由にできます。自分の意思で好きなときに狩りに出かけ、獲物を食べ、寝ることができます。好きなところに移動することもできます。獲物となる動物が多くいる場所に移動すれば、獲物は捕り放題です。自分の食欲の制限まで獲物を

得ることができます。その一方で、野生のトラは、自分で狩りをしなければ獲物を得ることができません。そうなると、いつも獲物が安定して得られることは保証されず、狩りが不調であれば、食べることもできません。さらに、獲物が得られないリスクの他に、天敵や自然災害などから、自分で身を守らなければならず、他の動物や人間が守ってくれるわけではありません。

起業経営者や個人事業主も、自由な野生のトラと同じように、自分の好きなビジネス、得意なビジネスが自由にできます。また、意思決定権があり、自分のことはすべて自分で決めることができます。さらに、ビジネスで成功すれば、報酬に上限はありません。いくらでも収益を上げることができます。そのようなメリットがある一方で、月々決まった報酬が保証されているわけではなく、ビジネスが不調であれば、収入がゼロの可能性も当然あります。また、自分が行動しなければ、お客様を獲得することはできません。そして、さまざまリスクへの対応は自己責任で、雇用保険で守られているわけではありません。起業経営者や個人事業主には、このようなデメリットもあります。

(2) サラリーマンのメリットとデメリット

会社から給料を得ているサラリーマンは、動物園やサーカスで飼育されている動物にたとえられます。これもわかりやすく野生のトラと対比して、動物園のトラにたとえましょう。

動物園のトラは、多くは檻に入れられており、自由に行動することはできません。自分の意思で自分の好きなところに行くこともできず、自分の好きなことをする自由は与えられません。それどころか、自分の意思に反して観客に向けた芸を仕込まれるかもしれません。餌は定期的に与えられますが、好きなときに食べることは許されず、嫌いなものも食べなければなりません。なにより、狩りができないのです。その一方で、何をしなくても定期的に餌を与えられ、食べ物には困りません。狩りに行く必要はないので、獲物がなく食いはぐれるリスク、飢えのリスクはありません。檻に入っているので、天敵から襲われるリスクもなく、自然災害などからも手厚く保護されています。

サラリーマンも、動物園のトラのように、自由に行動することは制限されており、ほとんどのサラリーマンは、人事権や最終意思決定権はありません。異動の希望は出せますが、自分で自分の働く部署を決めることはできません。自分の好きなミッションを行う人は少なく、多くの場合、自分の意に反した仕事をさせられています。しかし、社命に逆らうことはできません。そのようなデメリットがある一方、仕事で失敗や不手際があっても、給料が得られなくなるリスクはほとんどなく、どのような状況であれ月々決められたお給料をもらえます。雇用保険などで守られており、路頭に迷って生活に困窮したり、お金がなくて食べられなくなったりするリスクは、ほとんど感じられないでしょう。このようなメリットがあります。

あなたは野生のトラのように、獲物がない状況が続き、食べられない時期があっても、狩りを続けて自分の好きなことを行動する覚悟はありますか。それとも、動物園のトラのように、自由は制限されるし、したくもない仕事もさせられるけど、安定的に餌を与えられる立場に甘んじますか。「起業する覚悟」とは、野生のトラのような状況でも、起業活動を続けられるかどうかを問われていると考えてください。

3 パッション(passion)のもう1つの意味

仕事を成し遂げるには、情熱が必要だとよく言われます。それはことのほか起業において必要な感情ではないかと思います。

情熱は、英語で「passion」とつづります。passionの語源は、pati（苦しむ）に由来します。また、passionには、「キリストの受難」という意味もあります。

つまり、情熱の本来の意味から考えると、「情熱を持って仕事をする」、あるいは、「情熱を持って起業する」ことは、「仕事や起業によって起こるであろう逆境や試練、それに伴う受難に耐える」ということも含まれるのです。

あなたは、起業への迷いを払しょくしていますか。起業に際して起こるであろう試練や逆境を受け止める覚悟はできていますか。

それができているのであれば、次のチェックリストに☑し、次のステップに進んでください。できていなければ、再度考え直し、覚悟を決めてください。

□覚悟を決めているか？

チェックリスト2	3つのマインドを養っているか？

「覚悟」には、前述した意味の他に、次のような意味もあります。

「きたるべきつらい事態を避けられないものとして、あきらめること。観念すること」

これは、起業する前、あるいは起業後に起こる受難を逃れられないものとして観念する覚悟であると解釈でき、受難によって何事かをあきらめる苦渋の決断を指すと思います。

このような苦渋の決断をぎりぎりまで下さず、あきらめずに当初の「起業する覚悟」を全うするには、どのような心構えが必要なのでしょうか。

私は、起業を継続できない苦渋の決断を回避し、本来の覚悟を全うするには、レジリエンス、グリット、共同体感覚の３つのマインドが必要だと考えています。

1　レジリエンス

レジリエンスは、「復元力」「逆境力」と訳される、心理学的用語です。元は、「反発力」を意味する「物理学用語」でもあります。生態学でも「復元力」と使われていることから、私は、レジリエンスを「心の復元力」と呼ぶこともあります。

(1)　レジリエンスの定義

レジリエンスの定義としては、アメリカ心理学協会の「逆境やトラブル、強いストレスに直面したときに適応する精神力と心理的プロセス」が知られています。私は、レジリエンストレーナーとしての経験から、この定義を改良し、レジリエンスを次のように定義しています。

「どのような局面においても状況を把握し、反応をコントロールし、困難な状況や逆境からしなやかに再起する力」

(2) なぜレジリエンスが起業家に必要なのか？

欧米の企業では、ビジネスパーソンのレジリエンスは、ビジネスにおいて成功するための必須要素として捉えられており、その強化のためのトレーニングに多くの資源が費やされています。

レジリエンスが強化されたビジネスパーソンは、営業成績が37％上昇し、生産性が３倍向上し、貢献意欲が10倍高まるといった心理学的証拠も示されています。

あなたの知っている成功した起業家のメンタルを思い返してみてください。レジリエンスが高いと感じられたかと思います。成功している起業家は例外なくレジリエンスが高いです。なぜなら、レジリエンスの高い人は、どのような不測の事態、逆境や試練にあっても、状況を客観的に判断し、感情や反応を的確にコントロールし、しなやかにそのような状況を克服して成長していけるからです。

成功している起業家は、もともとレジリエンスが高かったのではなく、成功した結果からレジリエンスが高くなったのではないかと因果関係を逆に捉える反論もあるかもしれません。私は、潜在的に高いレジリエンスを持っていた起業家が経営活動を続けていくうち、幾多の修羅場をくぐっていく過程でレジリエンスを強化し続け、成功に至ったと推測します。ですから、起業家として成功するには、起業する前にレジリエンスを強化する必要があるのです。

(3) レジリエンスを強化する方法

レジリエンスを強化するには、心理学的に実証性が証明されたトレーニングプログラムが存在し、私も企業研修などで指導させていただいています。紙幅に限りがありますので、ここでは、そのトレーニングプログラムのエッセンスを紹介します。

レジリエンスは次の3つのステップで強化することを推奨します。

① 置かれた状況を客観的に把握する

置かれた出来事、状況を客観的・中立的に事実だけを理解し、ありのままを把握する癖をつけましょう。そして、その状況をどのように捉えているか、捉え方・認知・思い込みを確認しましょう。そのうえで、置かれている状況と、その状況への捉え方・解釈を切り離して大局的に理解する習慣をつけてください。

② 感情を客観的に見つめ、状況に対する肯定的な捉え方をみつける

人は、逆境や試練、不測の事態に直面すると、誰しも不安や恐れ、怒りなどのネガティブ感情を抱きます。ネガティブ感情の原因の多くは、置かれた状況に対するネガティブな思い込みです。ネガティブ感情を抱いたら、その感情を客観視する努力をしてください。例えば、「あ、今、私、不安に感じているな」とか、「俺、今、怖れているな」とか、感情を別の視点で眺める習慣をつけましょう。そして、その感情が、どのような思い込みで起こったか、思い込みを

つかんでください。例えば、「この不安は、将来、自分になにか不幸が起こると思っているからだな」とか、「怖れているのは、将来、自分が酷い立場に置かれると想像したからだな」とか。

ネガティブ感情を発生させたネガティブな思い込みをつかんだら、その思い込みに対して肯定的な見方、別の思い込みがないかどうかをみつけ、反論してみましょう。

③　感謝の気持ちを高める

私たちは誰しも、レジリエンスを高める資源をもっています。レジリエンストレーニングプログラムを考案したポジティブ心理学者のイローナ・ボニウェルは、それをレジリエンス資源と呼んでいます。レジリエンスが強いか弱いかは、状況を把握する力、思い込みと感情をコントロールする力の差のほか、レジリエンス資源の多寡によって分かれます。

レジリエンス資源には、強みと価値観、自己効力感、ポジティブ感情、社会的支援、目的意識の５つがあると考えられています。このうち、強みや目的意識については後述しますので、ここではポジティブ感情の高め方について記します。

ポジティブ感情のうち、「感謝」については、多くのポジティブ心理学者が研究しており、その心理面での良い効果が発表されています。

科学的に実証された感謝のポジティブ感情を高める方法には、感謝日記や感謝の手紙を書く方法がありますが、最も効果の高い方法は、「3つの良いこと」を思い出す方法です。「3つの良いこと」は、とてもシンプルです。以下の3つの手順で行います。

① その日の起きたことを振り返り、うまくいった3つの事柄を回想する。
② 「ありがたい」「運が良かった」と感じる内容を箇条書きで記述する。
③ なぜうまくいったのかについても理由を考える。

たったこれだけのことを真剣に取り組むことで、感謝のポジティブ感情は高まり、レジリエンス資源が増えてきます。最終的にレジリエンスが高まっていくのです。

2 グリット

グリットとは、ポジティブ心理学者のアンジェラ・ダッグワースが唱えた心理的な概念で、「やり抜く力」を指します。1つの物事に継続して向き合い完遂する能力を言います。才能や努力に続く第三の成功因子として、最近注目を集めているメンタル力です。

(1) なぜグリットが起業家に必要なのか?

ダッグワースは、グリットについて、次のように語っています。

グリットとは、物事に対する情熱であり、また何かの目的を達成するためにとてつもなく長い時間、継続的に粘り強く努力することによって、物事を最後までやり遂げる力のことです。グリットはスタミナを必要とします。１つの夢や目標を実現するために毎日毎日、朝から晩まで、夢中になって頑張り続けることです。それも1週間、１カ月といった短期間ではありません。数年間ずーっとです。頑張って、頑張って努力し続ける、そうすることで、やがて夢や目標が現実のものとなるのです。グリットは短距離走ではありません。長距離走なのです。

彼女の言葉から、起業家にとって如何にグリットが必要なのか、お判りいただけるかと思います。

起業家は、一度覚悟を決めて事業を起こすと、ビジョンの実現に向けて邁進しなければなりません。それは、気の遠くなるような長い旅路です。また、長い時間をかけて達成すべき壮大なビジョンを持たなければ、事業は成功しない意を含んでいます。

レジリエンスの強い起業家であれば、起業後に遭遇する逆境や試練を乗り越え、事業を推進することができるでしょう。さらにグリットが強ければ、当初掲げたビジョンを忘れることなく、どのような時間がかかっても達成に向けて事業をやり遂げることができます。つまり、起業家にとってグリットは、起業前の覚悟やビジョンを継続して保ち続け、目的を達成するために必要なのです。

偉業を成し遂げたスポーツ選手、芸術家、科学者、そしてビジネスパーソンは、例外なくレジリエンスとグリットが強いです。では、グリットはどのように強化すればよいのでしょうか。

(2) グリットを高める方法

ダックワースによれば、グリットを高めるには4つのステップが必要と主張しています。最初のステップは、「興味」の段階。これは、自分のやっていることを心から楽しみ、情熱をもって没頭し続ける。子どものような好奇心を持ち続けるステップになります。

2番目のステップは、「練習」の段階。これは、自分のスキルを上回る目標を設定し、それを達成するための努力を日々繰り返すステップです。

3番目は、「目的」の段階。これは、自分のやっていることは自分が面白いだけでなく、他の人に役に立つという目的意識を強く持つステップです。

最後は、「希望」の段階。これは、挫折や困難な局面にあっても、希望を持ち続けて自分の道を歩み続けるステップです。

要するに、グリットは、子どものような興味を持って自分のやっていることを心から楽しみ、情熱を持って没頭し続け、自分のスキルを上回るストレッチ目標を掲げて達成するために練習を日々繰り返し、自分のやっていることは自分だけでなく他者にも貢献するという目的を強く持ち、そして、何があっても希望を持ち続けて自分の道を歩み続ければ高まるのです。とてもシンプルな方法ですよね。

元メジャーリーガーのイチローや、サッカーの本田圭佑、フィギュアスケートの羽生結弦など超一流のアスリートは、すべて子どもの頃から、このような４つのステップを愚直に実行することでグリットを高め、偉業を達成しています。偉業を達成したからグリットが高まったのではなく、グリットが高まった過程で、偉業を達成したのです。

３　共同体感覚

共同体感覚は、アルフレッド・アドラーが提唱した個人心理学の重要な概念です。

共同体感覚を説明するのは難しいのですが、一言で言えば、「他者を仲間とみなし、家族や会社、地域社会、国、あるいは世界など、共同体に居場所があると思う（所属感）こと」となります。

（1）　共同体感覚を身に付けるための３つの要素

共同体感覚を身に付けるためには、日ごろから自己受容、他者信頼、他者貢献の３つの要素を実感しながら過ごすことが大事です。

自己受容とは、自分のことをすべて肯定的に捉えるのではなく、ふがいない自分、情けない自分、自分の弱点をありのままに受け入れることです。

他者信頼とは、周囲の他者を条件付きに信用するのではなく、無条件に仲間を信頼し、仲間からの信頼に応えることです。日常生活ではすべての人に無条件の信頼を寄せることは難しいですが、そのような仲間、友人を一人でもつくっておくことが大事だと思います。

他者貢献とは、他者を仲間と受け止め、自己のためだけではなく仲間のために行動することです。利己的な心ではなく、利他心を持つことです。仲間のために役立っているという貢献感を自分の喜びとすることです。その際、注意すべき点として、アドラーは、自己を犠牲にしてまで他者に貢献することは戒めています。

(2) なぜ共同体感覚は起業家に必要なのか？

スタートアップ企業を起業するには、複数の賛同者や共に汗を流すメンバーが必要となります。そのようなメンバーとビジョンを共有し、ベクトルを1つにして起業活動を行うには、メンバーへの強い信頼感がなければ、いずれほころびが生じ、起業活動は暗礁に乗り上げる可能性が高くなります。これは一人で事業を起こすスモールビジネスの個人事業主でも同じです。

メンバーはいないものの、事業を応援してくれる支援者との深い信頼関係がなければ、起業しても道を踏み外し、途中で心が折れて挫折するかもしれません。このことから、起業家が成功するには、他者信頼が必要であるとお判りいただけると思います。

起業家が起業するということは、新たな価値を創造してお客様に提供することになります。そして、お客様の「信用」を得て富を得ることになります。つまり、お客様により良質な価値を提供してこそ、お客様からの「信用」を得ることができ、事業が継続していく構図になります。この構図は、スタートアップ起業家であれ、スモールビジネス起業家であれ、変わりはありません。そのとき、お客様の利益、便益のために価値をお届けするという貢献感がなく、起業家が自己の利益ばかりを求めると、お客様からの「信用」は得られないでしょう。ですから、成功する起業家には、他者貢献が必要なのです。

起業家が起業するには、まず自分は何をしたいのか、何ができるのか、何が得意で何が得意でないのか、自分の価値観・信念は何か、自分の強みや弱みは何か、自分の目的・ビジョンは何か、自分自身を深い意味で認識しなければなりません。そして、それを過剰に肯定することもなく、さりとて否定することもなく、ありのままに受け止めなければなりません。なぜなら、自分の好きなこと得意なことを把握しなければグリットは持ち続けられないでしょう。また、自分の強みや価値観、目的がわからなければ、レジリエンス資源は蓄積せず、レジリエンスは高まらないでしょう。グリットやレジリエンスが弱いままでは、起業家は成功を待たずしてあきらめ、廃業してしまいます。このことから、成功する起業家には、自己受容が必要なのです。共同体感覚が必要な理由がご理解いただけると思います。

あなたは、レジリエンス、グリット、共同体感覚の3つのマインドを養っていますか。起業する前から、それら3つのマインドが高い人はまれです。ただ成功する起業家は、おしなべて事業を継続する過程で、3つのマインドを高める努力を自然に行っています。あなたは起業に際して、起業してからも、レジリエンス、グリット、共同体感覚を養う努力を怠りませんか。

それができているのであれば、次のチェックリストに☑し、次のステップに進んでください。できていなければ、再度読み直し、3つのマインドを養ってください。

□ 3つのマインドを養っているか？

チェックリスト3　自分を知っているか？

あなたは自分のことを知っていますか。

このような質問を聞かれたとき、多くの方は、「自分のことぐらい知っているよ。他の誰よりも自分が自分のことを一番よく知っているさ」と思っているかもしれません。ただ、そのように思う方でも、「あれ、自分ってどういう人間なんだろう？」という疑問も脳裏によぎることもあるかと思います。

「他の誰よりも自分のことを一番よく知っているよ」とあくまでも強弁する人は、往々にして本当のご自身ことをあまり理解されていない方だと推察できます。一方、「自分ってどういう人間だなんだろう？」と思われた方は、これからご自身のことを客観的に認識できる方かと思います。

では、成功する起業家にとって、自分を知ること（自己認識）は、なぜ重要なのでしょうか。

1　自己認識（セルフ・アウェラネス）の重要性

自己認識とは、「ありのままの自己の存在を理解すること」を意味します。自己認識には、「自分の価値観、強み、弱み、応援団、影響を受けた人物、他者への影響力」を正しく理解できる内面的自己認識力と、「自分が他者からどのように見られているか客観的に理解する能力、他者に対する共感力」である外面的自己認識力の2つがあります。

スタンフォード大学の調査によれば、同大学経営大学院の顧問委員会のメンバー75名に、「リーダーが伸ばすべき最大の能力は何か」という質問に対して、答えはほぼ一致し、「自己認識力」と答えたそうです。リーダー、特に成功する経営者や起業家には、自己認識力、つまり「自分を知る力」が最も重要だと言われています。

実際に、自己認識力の高い人はそうでない人に比べ、他者の意見に偏見を持つことなく意見や提案を受け止め、バランスよく情報を処理して判断する力に優れており、他者との良好な人間関係を築く力、コミュニケーション能力に優れているという報告があります。また、自己認識力の高い人は、他者に嘘をついたり欺いたりすることが少なく、自己の健全な信念・価値観に基づいた行動をとることが多く、仕事で高い成果を出す傾向が強いという研究結果も報告されています。特に自己の弱さを認め、過去の失敗経験を受容し、そこから学ぶ勇気を持つ人は、成功しやすい傾向にあります。

このような研究結果からも、経営者や起業家にとって成功するには、自己認識力を高めることの重要性が理解できるかと思います。

2　自己認識力を高める方法

本当の自分、自分のありのままの存在を知ることは、簡単なようで実は難しいと思います。ここでは、日常的にできる自己認識力を高める方法をお示ししますので、ぜひ、行って本当の自分を発見し、確立してください。

(1)　自分のライフストーリーを振り返る

本当の自分を知るには、これまでの自分の人生を振り返り、成功体験だけでなく、思い出したくもない辛い体験、失敗体験にも向き合い、受容し、そこから教訓を見いだす勇気が必要になります。

①　ご自身のこれまでの人生を振り返り、自分の至らなかった点、失敗体験をできるだけ客観的事実のみを思い出し、記録してください。

② 次に、これまでの人生で何事かを成し遂げた経験、成功体験をできるだけ客観的事実のみを思い出し、記録してください。

③ 人生における自分の至らなかった点、失敗体験、何事かを成し遂げた経験、成功体験を客観的に棚卸したら、それらをどのように捉えているか、そこからどのような教訓を得ているか、客観的事実に対する解釈、教訓をまとめてください。

④ 解釈、教訓をまとめたら、最後に、人生の上で最も影響を受けた人物、ご自身の価値観（世界観）、強み、弱み、応援してくれるサポーターを列記してください。

以上のような振り返りから、自分の本当に大事にしているもの、自分の強みや弱みを深く認識することができます。

(2) 日常的にメタ認知を心掛ける

メタ認知とは、「認知を認知すること」です。つまり、（現在に限らず過去、未来の）出来事に対してどのような解釈・捉え方をしているか（認知）を、さらに客観的に俯瞰して捉えることを「メタ認知」と言います。

例えば、ある日、あなたの部下が何事か失敗したとします。あなたは、「こいつまた失敗したか」「同じことを何度も失敗する奴だな」「でも熱心だから次回は必ず成功して成果を上げてくれるだろう」などと、部下の失敗という出来事に対して、さまざまな解釈・捉え方をするかと思います。その解釈が頭の中に浮かんだとき、「ああ、今、私は、この人はまた失敗したかと思っているな」とか、「今、私は、この人は熱心だから次は成功して成果を上げるだろうと期待をこめているな」と、解釈を俯瞰して客観的に捉えてみてください。それを習慣づけることができれば、出来事を偏って判断することなく、多角的多面的に判断することができ、自己認識力を高めることができます。

(3)　客観的でポジティブな批評家と定期的に話す

自己を客観視することは、訓練して外面的自己認識力を高めれば叶うことですが、一人でその能力を維持することは至難の業です。特に、経営者や起業家は、成功して立場が高まるにつれ、道を見失い、他者からのフィードバックに耳を貸さないようになり、結果、せっかく高めた自己認識力を弱めることになります。

自己認識力を高いレベルで維持するには、客観的なフィードバックを忌憚なく指摘してくれる批評家と定期的に話してください。その際、厳しいだけの批評家ではなく、愛のある批評家、ポジティビティを高めてくれるビジネスコーチ、メンターと定期的に会話し、フィードバックを求めることをお勧めします。

「ありのままの自分を知ること」「自己認識力」を高めることは、起業家が成功するために極めて重要です。あなたは、自分を知っていますか。まだありのままの自分がわからないようでしたら、前述した自己認識力を高める方法を行って自己認識力を高めてください。

本当の自分が納得できるレベルまで知ることができ、起業してからも自己認識力を高める努力を続ける決意ができたのであれば、次のチャックリストに☑し、次のステップに進んでください。できていなければ、再度読み直し、本当の自己を理解してください。

□自分を知っているか？

チェックリスト4	自分の好きなこと得意なことから事業を決めているか？

あなたは起業して何を売りますか。どのような価値をお客様に提供したいですか。

起業をしたいけど何をしたいかわからないという方が結構いらっしゃいます。また、漠然と、「パン屋は初期投資がかからないからパン屋を開業しよう」とか、「転売ビジネスは、素人でも結構儲かっている人が多いので、まずはそこから始めよう」と、なんとなく儲かりそうだとか、他の人が始めて成功しているから自分もという安易な発想で事業形態を決める方もいらっしゃいます。

起業したは良いけど、何をつくり何を売ろうか決めずに起業して成功したケースもあります。パソコンメーカーのヒューレット・パッカードを創業した当時のビル・ヒューレットとデーブ・パッカードは、その代表例でしょう。ただ、これは非常にまれなケースです。ほぼ一人で勝負するようなスモールビジネスの企業では、とりあえず起業して手あたり次第やってみるというギャンブル的な手法では、安定報酬が確保されない限り起業しても長続きしないでしょう。

それでは、起業して行う事業はどのように決めるのでしょうか。

1　自分の好きなことと得意なことの棚卸し

起業して何を売るのか、どのような価値を顧客に提供するのかをまだ決めていない方は、まず心の底から大好きなこと、我を忘れて没頭すること、他の人から評価される得意なことを棚卸しし、列挙してください。あれこれ考えてしまうと、好きでもないこと、さして没頭しないようなもの、得意でもないことも含まれていますので、何も考えずに直観的にできるだけ多く列挙するようにしてください。

私の場合を例に挙げれば、私の大好きなこと、時間を忘れて没頭することは、「本を読む」「映画を観る」「文章を書く」「コンテンツを創る」「ワインを飲む」「宴会や同窓会などの幹事役を引き受ける」「新しいことに挑戦する」、得意なことは、前職が教科書編集者でしたので、「編集会議で文章を推敲する」「本を創り上げる」「編集会議でファシリテートし、意見をまとめる」「人に教える」「なんでも勉強する」「わからないことを調べる」が挙げられました。

2　自分の本当に興味のあること、やりたいことに絞り込む

自分の好きなことと得意なことを列挙したら、自分の本当に興味のあること、これから使命感をもってやりたいことという基準で絞り込んでください。

チェックリスト2で述べましたが、成功する起業家に必要なグリット（やり抜く力）を高める第一歩は、自分のやっていることを心から楽しみ、情熱をもって没頭し続ける、子どものような好奇心を持ち続けることをみつけることにあります。自分の好きでもないこと、情熱を持って没頭できないこと、興味の湧かないことを事業にしても、長続きしないし成功しません。

3　お金になることに絞り込む

自分の本当に興味のあること、これからやりたいことに絞り込んだら、次に、それらはビジネスとして成り立つのか、お金になるのか、顧客から信用を得て、その対価としての報酬を得られるようなものなのかを基準にさらに絞り込んでください。

4　自分の価値観と照らし合わせて整合性が取れるかチェックする

チェックリスト３で自己認識を高めた方は、すでに自分の価値観を発見していると思います。自分の好きなこと得意なこと、かつ、本当に興味のあることこれからやりたいこと、そして、お金になることが絞り込んできたら、最後に、それは、ご自身の価値観（世界観）に照らし合わせて、合致するものか、整合性が取れるものかをチェックしてください。

価値観に合わないものを続けると、自分に嘘をついたままビジネスを行うことになり、レジリエンスは弱まり、マインドが破綻します。絞り込んだビジネスが、あなたの価値観と合致しているものならば、それを事業として起業することとし、次のチェックリストに☑し、次のステップに進んでください。もしあなたの価値観とかけ離れているものならば、もう一度自分の好きなことの棚卸しからやり直してください。それからでも遅くはありません。

□自分の好きなこと得意なことから事業を決めているか？

チェックリスト5　利他的で健全な理念を抱いているか？

あなたは、どのような目的で起業するのか、目的を決めていますか。

とにかく独立して起業することが目的であれば、あなたは起業した時点で目的を達したことになります。その場合は、起業後の新たな目的を持つ必要があります。目的を持たずに漫然とビジネスを続けていれば、成功する確率は低いでしょう。

1　お金儲けは目的ではなく、目的を継続するための手段

「起業してビジネスを継続する目的はお金を稼ぐことだよ。サラリーマン時代よりも稼ぎた

いという気持ちがなければ起業しないからね」という人もいます。実はかつての私はそうでした。「せっかく脱サラして独立起業するのだから、サラリーマン時代の年収の３倍以上稼いでやる！」という意気込みで起業したものです。

お金儲けが一番の目的として起業してしまうと、ビジネスが軌道に乗らず収益が上がらない状態になったとき、手っ取り早く収益になりそうな本業以外の方法で安易にお金を稼ぐようになりがちです。それは、株投資、ＦＸ投資だったりします。あるいは、本業で収益を稼ぐまでと言い訳しながら副業、アルバイトで食いつなぐことになります。

投資や副業による収入を得ることを否定するつもりはまったくありません。本業が軌道に乗るまでは副業も必要になるでしょう。ただ、起業の目的が「お金を稼ぐこと」になってしまうと、投資や副業で収益を得る状態が継続することになってしまいがちで、そうなると本業はなかなか軌道に乗らないようになる可能性があります。また、会社に勤めていた方が収益が高いと思ってしまい、独立して起業する意欲が失せ、あきらめてしまいがちです。

起業してお金を稼ぐことはとても大事ですが、それは、起業して何かをしたいという目的を実現、継続するための手段として捉えてください。

2　自分とお客様、社会をどのような理想の状態にしたいのか

前のチェックリストまでに、あなたは過去の成功体験、成し遂げた体験を振り返り、自分の価値観、強みを再認識したはずです。そして、自分の得意なこと心底やりたいことを定め、それを事業にすることを決意されたかと思います。

そのようなご自身の価値観、強みを基に、ご自身の得意なことやりたいことをビジネスにして、あなたはご自身とあなたのビジネスのお客様、ひいては社会をどのような（理想の）状態に変え、どのような社会貢献を果たしますか。

これが、あなたの事業の目的、起業する目的になります。これは、あなたの起業する上での理念、ビジョンと言い換えてもよいでしょう。

成功する起業家の多くは、自分自身のための起業する目的、理念、ビジョンを持っています。それは、起業する前から持っている人もいれば、起業したのちに徐々に築き上げた人もいます。自動車メーカー、ホンダの創業者、本田宗一郎は、「理念・哲学なき行動（技術）は凶器であり、行動（技術）なき理念は無価値である」という言葉を残しています。このことからも成功する起業家にとって、理念を持つことの重要性がわかると思います。

二宮尊徳も、本田宗一郎と同じような次の言葉を残しています。

「道徳なき経済は罪悪であり、経済なき道徳は寝言である」。

いずれにしろ、起業家として成功するには、利己的なものだけではなく、利他的な理念、ビジョンを持った方がよいと思います。利他的な理念を持つことは、チェックリスト２にも記した成功する起業家に必要な３つのマインドの１つ、共同体感覚を養い、維持することに役立ちます。なぜなら、ご自身の強み、能力を活用して自分とお客様を理想な状態に導き、社会貢献する「利他的な理念」を持ち、それに基づいて事業を興し、続けることは、共同体感覚の３つの要素、自己受容、他者信頼、他者貢献を日々実践することになるからです。

３　利他的な理念を創る方法

では、どのようにして利他的な理念を創るのか。これに関しては、さまざまな実践書、起業に関するさまざまなビジネス書に書かれていますが、本書では、次のようなステップでご自身の理念を創ることをお勧めします。

(1)　ご自身の強み・能力から自己と顧客に与える変化を明確にする

あなたは、自己認識力を高めることによって、自分の能力、強み、得意なこと、やりたいことが明確になったかと思います。それらからあなたはどのような価値をお客様に与え、その価値を与え続ける（事業を継続する）ことであなたはどのような理想の状態に至るか、また、あなたが提供する価値を受け取ったあなたのお客様は、どのように変化し、どのような未来が築けるかを思い描き、明文化してください。

(2) 自己の価値観・信念と整合性を取る

(1)で明文化したあなたとあなたのお客様の理想状態や理想状態に至るまでのプロセスは、あなたの価値観や信念と整合性が取れているか、矛盾はないかチェックしてください。

(3) あなたのビジネスの社会的意義を明確化する

あなたの興す事業は、それを行うことによってお客様を理想の状態に導くだけでなく、それによって社会にどのような貢献をするのか、あなたのビジネスは、どのような社会的意義があるかを考察し、明文化してみてください。

(4) 事業を行うに当たっての行動基準、基本姿勢を明文化する

あなたはご自身の価値観、信念に基づいて起業してからビジネスを行いますが、その行動基

準、基本姿勢はどのようなものか、列挙し、明文化してください。「理念や価値観に従えば何をしてもよい」といった、「目的はあらゆる手段を正当化する」ようなマキャベリズムのような行動基準ではなく、理念や価値観を日々の行動に具現化したような行動基準を記してください。

例えば、「スタッフやお客様に常に感謝します」とか、「お客様の要望には常に誠実に対応し、迅速に行動します」といった行動基準は具体性があり、第三者が読んでもわかりやすいと思います。

以上のような方法でご自身の利他的で健全な理念を創ることができれば、次のチェックリストに☑し、次のステップに進んでください。できていなければ、再度読み直し、利他的で健全な理念を納得いくまで創ってください。

☐ **利他的で健全な理念を抱いているか?**

チェックリスト6　目標を立てているか？

これまでの過程で、あなたはすでに成功する起業家に必要なマインドを磨き、自己を認識し、利他的で健全な理念を創られたかと思います。理念を築いているのであれば、あなたがビジネスを行うことによって導く自身とお客様、社会の理想的な状態を思い描いたでしょう。

そのような自己・お客様・社会の理想な状態を目標として他者に説明することができますか。その目標は何年後に達成しますか。達成するまでの中間目標は立てていますか。

1　目標設定の重要性

理念を創る際に明らかにした目指す理想な状態が、あなたのビジネスを行うことによって達する目標（ゴール）になります。達成するための期間は、あなた自身が決めることです。20年かけて達成するのであれば、その間の中間目標を立てなければならないですし、1年後に達成するのであれば、少し急いだ戦略、計画を立てなければなりません。

要するに、目標を立てなければ、戦略、計画が立てられないのです。資金を調達するための事業計画書もつくれないでしょう。

２　目標はポジティブアプローチで逆算思考、接近型で設定

目標を設定する際には、達成したい理想像から逆算し、その状態を達成するための戦略、行動計画を小さなステップで積み上げていく。逆算思考でかつポジティブアプローチで設定してください。

設定する目標を明文化するときは、意欲を高める接近型の目標にしてください。接近型の目標とは、望ましい結果、ポジティブな将来の期待を目指す目標で、前向きで解決志向な特徴をもち、「できる」「やる」「できている」などのように、肯定的ですでに達成しているような表現で明文化しているものです。

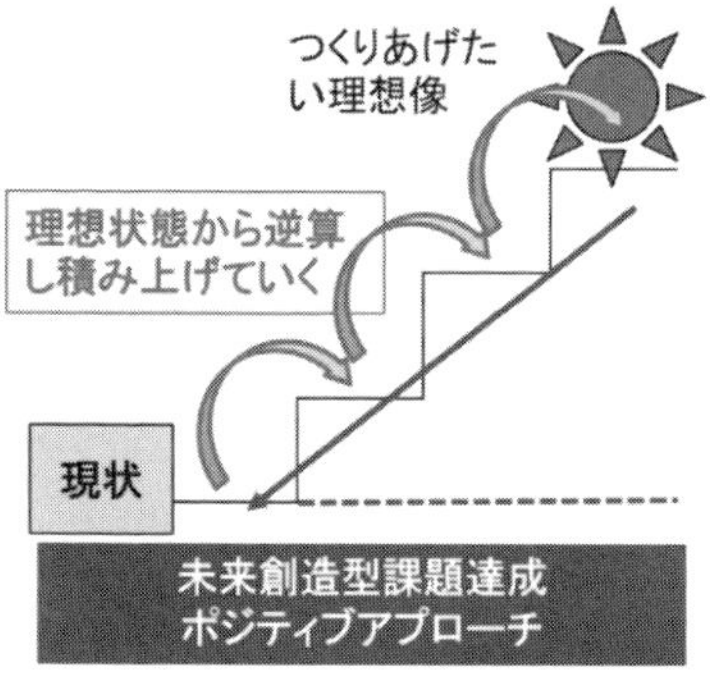

図1-1　ポジティブアプローチ

3　目標設定のプロセス

ポジティブアプローチで接近型の目標は、次のようなプロセスで設定し、明文化してみてください。

(1)　理念、目的を達成する期限を決める

あなたがビジネスを行うことによって導く自身とお客様、社会の理想的な状態は、いつまでに達成したいのか、その期限をまずは決めてください。

(2)　期限までに達成する理想状態を目標として明文化する

理想状態を達成する期限を決めたら、その理想状態を接近型目標として、あたかも実現しているかのように、実現状態を維持しているような表現で明文化してください。

(3)　目標を達成するための資源を抽出する

接近型目標を明文化したら、それらを達成するために活用するあなたの能力、強み、技術などの内的資源、あなたの資産、協力者、資金提供者などの外的資源を抽出し、どのように活用

するか考えてください。

(4)　中間目標を立てる

接近型目標と活用する資源を抽出したら、1年後、2年後、5年後など、期限内の過程で達成すべき中間目標（マイルストーン）を立ててください。その際、その途中で活用すべき資源などもある程度決めておいておけばより良いと思います。

(5)　ビジョンボードを創る

接近型目標と中間目標、プロセスで活用すべき資源を決めたら、それらを可視化できるビジョンボードを作成してみてください。雑誌の写真を切り抜いたり、自分が撮影した写真を活用したりしてコラージュをつくり、物語風に作成すると、目標がご自身のマインドにポジティブに刷り込まれ、達成する可能性が高まると思います。

以上のような方法であなたがビジネスを行うことによって導く自身とお客様、社会の理想的な状態を達成する目標が設定できれば、次のチャックリストに☑し、次のステップに進んでください。できていなければ、再度読み直し、目標を立ててみてください。

□目標を立てているか？

●第1章のまとめ

これまで成功する起業家に必要なマインド創りとして、以下の6つのチェックリストをクリアできるように、理論と具体的な方法をまとめました。

□チェックリスト1　覚悟を決めているか？
□チェックリスト2　3つのマインドを養っているか？
□チェックリスト3　自分を知っているか？
□チェックリスト4　自分の好きなこと得意なことから事業を決めているか？
□チェックリスト5　利他的で健全な理念を抱いているか？
□チェックリスト6　目標を立てているか？

以上のようなチェックリストをクリアしたあなたは、成功する起業家に必要な覚悟とマインドが養われ、自己認識が高まり、健全な理念と目標が掲げられたはずです。次章では、それらを基にして、目標を達成するための経営戦略を作成していきましょう。

第2章

経営戦略編——自己の能力を活かした商品創り——

「誰もあなたが誰かを決めることはできない。自分のことは、自分で決めなさい」
（バージニア・ロメッティ、IBM会長）

「まだ実現していなくても、実現しているかのように振舞うんだ」
（ラリー・エリソン、オラクル共同設立者）

チェックリスト7　お客様が見えているか？

あなたはあなたのお客様が見えていますか。起業してご自身の商品やサービスをどのようなお客様に提供しますか。

前章で創った理念や設定した目標を達成するためには、あなたは起業したのち、あなたの事業の対象となるお客様にあなたの商品やサービスを買っていただかなくてはいけません。その際、対象となるお客様がどのような方か、どのような性格でどのような行動志向があるか、どのようなニーズを持っており、どのような商品やサービスを購入すれば、お客様はベネフィット（便益）を感じていただけるか、あなたに感謝するのか。それらがある程度理解した状態であれば、あなたは対象となるお客様のことが見えていることになります。

1　3C分析

会社や起業家を取り巻く環境を分析するフレームワークに、ビジネススクールでもよく使われる3C分析があります。3Cとは、自社（Company）、市場、顧客（Customer）、競合

(Competitor)、のそれぞれの頭文字をとったものです。

3C分析は、自分が興す会社または起業家としての自分自身が事業を行うビジネス環境を分析するためのプロセスです。この分析によって、自社が事業を行うビジネス環境での成功要因を導き出します。

3Cのうちの自社（Company）は、前章ですでに自分の資源、価値観、強み、能力などを棚卸したので、分析済みだとします。ここでは、3Cのうちの市場、顧客（Customer）の分析をしてください。

「対象とする顧客の性格や行動志向、ニーズやベネフィットは多様で分析して抽出するのに時間がかかるのですべてを把握することができないよ」という批判は当然出てくると思います。その場合の適切な方法として、ある1人のお客様を想定する方法を試してみましょう。

2　ターゲットペルソナ

ある一人の想定した自分のビジネスの対象となる顧客をターゲットペルソナと言います。ターゲットペルソナとは、あなたの商品やサービスを利用する架空のユーザー像です。まったくの架空のお客様で構いません。

ユダヤ教の経典タルムードの中の言葉に、「一人を救うものは世界を救う」というものがあります。ビジネスにおいて、ターゲットペルソナを設定し、その架空のペルソナを継続的に満足させるような商品やサービスを提供し続け、ペルソナと良好な信頼関係を築くことができれば、ペルソナと同じような複数の顧客に対して継続的に商品やサービスをお買い求めいただくことになります。もし対象となる顧客と、まだ継続的な信頼関係を築けていないようであれば、ターゲット顧客が全く異なるか、ターゲットは合うけども、ターゲットの購買行動を促すほどあなたの商品やサービスは魅力がないか、あるいは魅力を上手く伝えていないかになります。そのようなことを見直し、ＰＤＣＡを回す上でもターゲットペルソナの設定は有効です。

3　ターゲットペルソナの設定法

ターゲットペルソナの設定では、「一人の架空の人物」を想定して、そのプロフィールを、趣味や嗜好、価値観や行動パターンまで、かなり詳細に設定していきます。

自分のビジネスのターゲットペルソナについて、具体的に次のような点を決めて創り上げてください。

・名前、年齢、性別、職業、役職、年収、家族構成、住所、趣味

・ストーリー（抱えている悩み、悩みはどのように生じたか？　悩みをどのように解決したいのか？）

参考までに私の「コーチ養成講座」というサービスのターゲットペルソナを表２―１に記しておきます。

以上のような方法であなたの事業のターゲットペルソナを設定してみてください。設定できれば、次のチャックリストに☑し、次のステップに進んでください。できていなければ、再度読み直し、ターゲットペルソナを設定し

表2-1　ターゲットペルソナの例

名前：船井信彦　年齢：56歳　性別：男性　職業：上場企業の製造メーカー本社勤務。子会社出向経験あり　役職：部長　年収：1000万円
家族構成：妻と子ども２人（長男、長女）。長男は大学院を修了し、大手金融機関に就職。長女は都内の有名大学を卒業し、ITベンチャーに就職
住所：東京都吉祥寺　趣味：読書、ゴルフ、囲碁、英会話
ストーリー：40歳代後半に国内のビジネススクールに通い、MBAホルダーとなったものの、社内ではMBAの優位性がなく、海外MBAホルダーが重宝される。そのような状況に不満を持ちつつも、現状を受け入れざるを得ない葛藤を持っている。 定年が間近になり、再雇用制度を利用して今の会社に留まるか、別の会社に再就職するか、それとも独立するか、進路を決める時期が迫っている。 本音はせっかく取得したMBAのスキル、学んだことを生かした仕事をしたいと思っている。独立したMBAホルダーの仲間、会社の先輩、あるいはビジネススクールの先生のコンサルタント業が眩く見え、コンサルタントも良いなあと思うが、食べられるほど稼げるか不安だ。MBAの資格・スキル、自分の経験を生かしたライフワークにつきたいけれど、どのように生かしたいか決めあぐねている。

てみてください。

□お客様が見えているか？

チェックリスト8　競争相手が見えているか？

あなたは、あなたのビジネスの競争相手は見えていますか。あなたのターゲットとなる顧客を奪い合う競合他社を理解していますか。

競争相手の把握は、３Ｃ分析のうちの競合（Competitor）を分析することになります。

1　競争相手は必ず存在する

「私の商圏には私と同じようなビジネスをしている同業者はいないので、競争相手はいません」と答える人もいるかもしれません。仮に商圏に同業者がいなくても、あなたのビジネスの対象となるお客様が、あなたの商品やサービスを購入せずに代わりの別のものを購入してベネフィットを満たしたとき、その商品やサービスを提供する会社や起業家は、同業者でなくてもあなたの競争相手になります。

つまり、競争相手がいないと思われる状況でも、あなたと顧客を奪い合うあなたの競争相手は必ず存在するのです。

２　競合相手のどのような点を分析するのか

あなたのターゲットとする顧客のベネフィットを満たす商品・サービスを提供する企業、個人事業主は、すべてあなたのビジネスの競争相手となります。では、その競争相手のどのようなところに注意して分析すればよいでしょうか。

(1)　競争相手の商品・サービス

まずは競争相手がどのような商品・サービスをお客様に提供しているかを分析しましょう。そして、その商品・サービスが、お客様のニーズ（欲求）やベネフィット（便益）をどのように満たしているかを分析・考察してください。

(2) 顧客に対しての宣伝方法・訴求の仕方

競争相手の商品・サービスを分析したら、それらをお客様に対してどのように宣伝しているか、また、お客様にどのような点を訴求して購買を訴えているか、訴求ポイントを見極めてください。

(3) 競争相手の他にない強みと他よりも劣っている弱み

競争相手の商品・サービスを分析し、顧客に対しての宣伝方法や訴求方法を分析・考察したら、競争相手の他にはない、他に絶対負けない強みを深堀してください。

競争相手の強みは、表面に現れやすい独自の商品やサービス、顧客への保証、アフターフォロー、豊富な資金を生かした宣伝力、人海戦術を駆使した営業力などもありますが、表面には現れにくい潜在的な強みを可能な限り分析してください。端的に言えば、目に見えない経営戦略、経営トップのリーダーシップ、持続的な成長を可能にしている組織創り、イノベーションを生むしくみなどがあります。それらは顕在化していないので分析しにくいですが、競争相手の経営理念、経営トップのホームページ上やSNS上でのコメント、それとともにすでに分析した商品・サービス、顧客に対しての宣伝方法や訴求方法を総合的に捉え、深く探求してください。

競争相手の強みとは別に、競争相手の他よりも劣っている弱み、弱点を探ってください。弱みは、顕在的な強み、潜在的な強みを分析すれば、見えてきます。どのような競争相手にも弱みは必ずあります。弱みのない完全無欠な企業や人間は、存在しませんから。

以上のようにして、あなたの競争相手を見いだし、できるだけ深く分析してみてください。分析が済めば、次のチェックリストに☑し、次のステップに進んでください。できていなければ、再度読み直し、競争相手の分析を行い、競争相手を見てください。

□ 競争相手が見えているか？

チェックリスト9　あなたしかない独自の強みを磨いているか？

あなたは、他者には絶対に真似できないあなた独自の強みを把握していますか。そして、把握しているのであれば、その独自の強みを磨いていますか。

第1章のチェックリスト3をクリアしたあなたは、ご自身のライフストーリーを振り返り、強みを棚卸しされたと思いますが、ここでは、さらに、ご自身独自の強みを絞り込んで磨いていただきたいと思います。

1　USP（独自の強み）とは

この項でいう独自の強みとは、広告マーケティング用語でのUSP（Unique Selling Proposition）を言います。「独自の売り」とよく訳されています。

USPは、1950年代に活躍したアメリカの広告界の巨匠、ロッサー・リーブスが提唱した広告技法です。

(1)　USPの定義

リーブスはUSPについて、次のような3つの定義を示しています。

① すべての広告は、消費者に対して具体的な利点を主張するものでなければならない。

② その主張は競合が主張していないものか、それとも主張しようとしてもできないものでなければならない。

③ その主張はパワフルであり、多くの消費者を自社製品に引き寄せるものでなければならな

い。

(2) USPの確立法

リーブスの定義を踏まえ、あなたのUSPを発見しましょう。

USPとは、「他にはないあなた独自の売り」のことです。つまり、USPとは、「他にないもの」「独自性のあるもの」「顧客の売りになるもの」の3つの条件がそろったものでなければなりません。

リーブスの上記の定義と照合すれば、「他にないもの」とはUSPの②の定義、「独自性のあるもの」とはUSPの①の定義、「顧客の売りになるもの」とはUSPの①と③の定義に当てはまります。

① 競合相手が持っていない、真似できないあなたの強みの絞り込み

チェックリスト8をクリアしたあなたは、競合相手を分析しているので、そこから競合相手にない、真似しようともできないあなたの強みを絞り込んでみてください。

② 独自の競争優位性の確立

チェックリスト3をクリアしたあなたは、あなた自身の強み、得意なこと好きなことを把握していると思います。それらの中から、あなた独自の強み、競争優位性の高い長所を絞り込み、

確立してください。

③　顧客への売り、訴求点の絞り込み・確立

チェックリスト7をクリアしたあなたは、あなたのターゲットとすべき顧客の姿が見えているはずです。その顧客に対して具体的な利益を示すことができ、パワフルで購買意欲を引き寄せる訴求点を考察し、絞り込み、確立してください。

顧客への独自の売り、訴求点を絞り込むには、さまざまな切り口があります。例えば、広い選択肢、大幅なディスカウント、的確なアドバイスや補助、利便性、最高級の製品（サービス）、迅速なサービス、特別な各種サービス、長期的な保証、広範囲にわたる保証などがあります。それらの切り口から、ターゲットとなる顧客のニーズを満たすもので、あなた独自のものを選んでいってもよいかと思います。

さらに、ご自身の事業のポジションを絞っていくとUSPが明確な訴求点として浮き上がってきます。例えば、あなたが中小企業診断士として起業するのであれば、「売上向上をコンサルティングする中小企業診断士」とすれば、少しUSPが絞り込まれていきます。さらに、「倒産危機を回避し、2年以内にV字回復させる中小企業診断士」と訴求できれば、さらに誰にも真似できないUSPが確立できると思います。

２　商品・サービスのＦＡＢＥ分析

あなたのＵＳＰが確立したら、ＦＡＢＥ分析のフレームに沿って、あなたのＵＳＰに基づいた商品・サービスを創っていきましょう。

ＦＡＢＥ分析とは、お客さまに提供する商品やサービスのFeature（製品の特徴）、Advantage（競合優位性）、Benefit（顧客の便益）、Evidence（客観的証拠）を分析するフレームワークです。

(1)　Feature（製品の特徴）

あなたが顧客に提供する商品・サービスの機能、品質、性質などの使用面を客観的事実で示してください。このとき、主観や想い、解釈を含めないようにすることが大事です。

(2)　Advantage（競合優位性）

競合相手の商品・サービスに対するあなたの商品・サービスの差別化、利点、優位性を示してください。この競合優位性も、あなたからの視点で分析するのではなく、あくまで顧客目線、あるいは競合目線で示してください。

（3） Benefit（顧客の便益）

あなたの商品・サービスを購入することによって顧客が得られる便益、価値、メリットを示してください。このときも当然ながら顧客目線での便益を分析することが肝心です。分析が難しければターゲット顧客にヒヤリングするのもよいと思います。

（4） Evidence（客観的証拠）

あなたの商品・サービスのFeature（特徴）、Advantage（競合優位性）、Benefit（顧客の便益）を証明する（裏付ける）客観的証拠を示してください。起業前の商品・サービス創りの段階で客観的証拠を示すのが難しいようであれば、例えば、テストの段階での顧客の声などの定性的な証拠でも構いません。できるだけ分析して集めるようにしてください。

以上のようにして、他者には真似のできないあなた独自の強み・売りであるＵＳＰを見いだし、磨き、それに基づいた商品・サービス創りをしてみてください。それが済めば、次のチェックリストに☑し、次のステップに進んでください。できていなければ、再度読み直し、ＵＳＰを磨いたのち、それに基づく商品・サービス創りを行ってください。

□ あなたしかない独自の強みを磨いているか？

チェックリスト10　どのように価値を提供するのか？

あなたは、あなたのターゲット顧客に対して、どのように価値を提供しますか。どのような方法で商品・サービスを届けますか。

今回のチェックリストは、マーケティングミックス（４Ｐ）のうちのPlace（流通、利便性）の戦略・戦術を確立するためのものになります。

１　基本的なマーケティングプロセス

マーケティング戦略を策定する際の基本的なプロセスは、図２―１のようになります。マーケティング戦略の基本的なプロセスのうち、環境分析と市場機会の発見は、第１章の段階で既に終えていると思います。また、ＳＴＰ（セグメンテーション、ターゲティング、ポジショニング）も、チェックリスト７～９をクリアした段階ですでに終えているはずです。

2 マーケティングミックス

マーケティングミックスとは、マーケティング戦略において、ターゲット顧客から望ましい反応を得るため、マーケティング・ツールを組み合わせることを言います。

マーケティングミックスは、売り手目線から4つに分類されることが多いです。その4つとは、製品（Product）、価格（Price）、流通（Place）、宣伝方法（Promotion）になります。4つすべて頭文字にPが付くことから4Pと呼ぶことがあります。

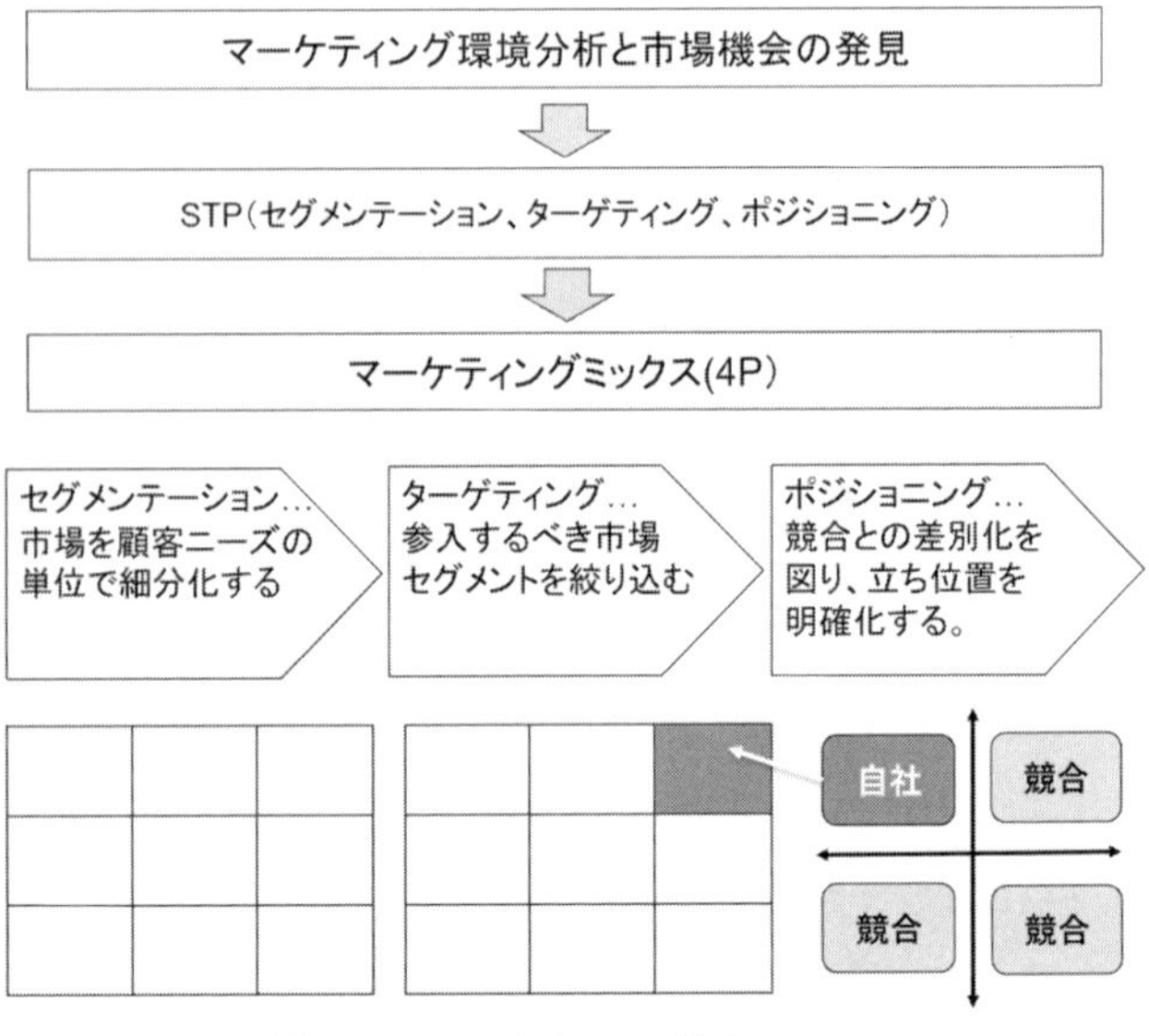
マーケティング環境分析と市場機会の発見
STP（セグメンテーション、ターゲティング、ポジショニング）
マーケティングミックス(4P)
セグメンテーション…
市場を顧客ニーズの
単位で細分化する
ターゲティング…
参入するべき市場
セグメントを絞り込む
ポジショニング…
競合との差別化を
図り、立ち位置を
明確化する。
自社
競合
競合
競合

図2-1　マーケティングプロセス

最近では、売り手目線ではなく顧客目線でマーケティングミックスを捉え直し、４Ｐの分類を、顧客価値（Customer Value）、顧客コスト（Customer Cost）、利便性（Convenience）、コミュニケーション（Communication）と分類することがあります。こちらは、頭文字のCを取り、４Cと呼ばれます。

４Ｐのうちの製品（Product）については、ＳＴＰと同じようにチェックリスト7～9の段階ですでに決めていると思います。ここでは、４Ｐのうちの流通（Place）戦略を決めていきましょう。

3　流通戦略

流通戦略（チャネル戦略）を決めるのに大事なのは、ターゲット顧客が受け取る価値が最大限に高めるか、受け取るベネフィット、利便性が高まる設計になって

製品 (Product)	品質、特性、オプション、ブランド、サービス、包装、サイズ、保証など
価格 (Price)	支払い条件、割引、信用条件など
流通 (Place)	チャネル、流通範囲、立地、在庫、品ぞろえ、在庫など
宣伝 (Promotion)	広告、人的販売･営業、販売促進、パブリシティ

⇔

価値（Customer value）
コスト（Customer cost）
利便性(Convenience)
コミュニケーション（Communication）

図2-2　マーケティングミックス

いるか、そして、あなたのＵＳＰや他のマーケティングミックスとの整合性が取れている戦略が立てられていることです。

(1) 流通チャネルの長さによる分類

流通戦略は、チャネルの長さによって、表２―２のように分類されます。

どのような事業形態でも、上記の流通チャネルのいずれかに当てはまります。例えば、私のようなコンサルタント、企業研修を商品・サービスとしている会社は、独自にお客様に価値を提供するゼロ段階チャネルだけではなく、研修エージェントを介して企業様に研修を実施する場合は、研修エージェント会社が小売店、または卸売の段階になるので、実店舗がなくても、１段階チャネルとなります。

表2-2　流通戦略（流通チャネルの長さ）

名　称	チャネルの長さ	特　　徴
ゼロ段階チャネル	自社→顧客	自社が直接顧客に販売する直販。ネット販売が代表的。高額な商品、説明が難しい商品に多い。
１段階チャネル	自社→小売→顧客	実店舗（リアル店舗）が必要な商品で、最もシンプルなチャネル形態
２段階チャネル	自社→卸売→小売→顧客	小売と自社の間に卸売業者が入る販売形態。スーパー、量販店など、商品点数が多く、商品単価が低い商品販売では一般的
３段階チャネル	自社→卸売→二次卸→小売→顧客	小規模小売店などが多い場合に、とられる流通形態。文具店、書店など

(2)　流通チャネルの幅による分類

流通戦略は、顧客リーチの幅によっても表２―３のように分類されます。

(3)　USPやターゲット顧客のベネフィットを基に分析

どのような流通チャネルを活用して、あなたの商品・サービス（価値）をターゲット顧客のニーズを満たして届けるか、上記の流通チャネルの長さと顧客リーチの幅の分類を基準に、あなたのＵＳＰや他のマーケティングミックスとの整合性を考えて決めていってください。

私のような個人または少人数でのスモールビジネスの会社にとって、インターネットは、とても重要なチャネルになります。これは、流通チャネルにも活用できますし、マーケティングミックスのうちの宣伝方法（Promotion）戦略としても活用できる便利なツールです。プロモーション戦略に関しては、第３章で詳しく解

表2-3　流通戦略（顧客リーチの幅）

名　称	顧客リーチの幅	特　徴
開放的流通チャネル	きわめて大きい	自社製品の販売先を限定せずに、広範囲にわたって開放的に製品を流通。ブランドコントロールが難しい。
選択的流通チャネル	中程度	販売力、資金力、競合製品の取り扱い状況などに応じて、流通チャネルを選択。シェア拡大のスピードは遅い。
排他的流通チャネル	狭い	特定の地域や製品の販売先に独占販売権を与える代理店、特約店制度。競争原理が働かないデメリットがある。

説します。

インターネットをチャネルとして活用する場合は、ゼロ段階チャネルなので、ダイレクトに顧客に価値を届けることができ、顧客との信頼関係も築きやすくなります。また、インターネットをチャネルにすることは、顧客リーチの幅による分類のうちのすべての分類、開放的流通チャネル、選択的流通チャネル、排他的流通チャネルいずれの施策も取ることができます。あなたのターゲット顧客に絞ったSEO（検索エンジン最適化）対策をとり、インターネットやSNSを介して拡散すれば、あなたの狙ったお客様だけに価値を届ける、選択的排他的チャネルを構築することも可能です。

以上のようにして、あなたのターゲット顧客のベネフィットや利便性を最大化し、あなたのUSPや他のマーケティング戦略に整合性がとれる最適な流通チャネルを選択し、決めてください。それが済めば、次のチェックリストに☑し、次のステップに進んでください。できていなければ、再度読み直し、USPを磨いたのち、あなたの起業してから当面のビジネスに最適な流通チャネルを考えてください。

□どのように価値を提供するのか？

チェックリスト11　あなたの価値にお客様はどのくらいのコストをかけるのか？

あなたのお客様は、あなたの提供する価値にどのくらいのコストをかけるのか。あなたの商品・サービスにどのくらいの価格をつけるのか。あなたは決めていますか。

このチェックリストでは、あなたの提供する価値（商品・サービス）の価格を決めていきます。マーケティングミックス（４Ｐ）の価格（Price）の戦略を考えていきましょう。

1　値決めは経営

京セラの創業者、稲盛和夫氏は、「値決めは経営」という信条を記しています。まさにプライシングは経営そのものという意味です。

稲盛氏の掲げた稲盛経営12箇条の第６条に、値決めに関して次のように記されています。

値決めは、製品の価値を正確に判断した上で、製品一個当たりの利幅と、販売数量の積が極大値になる一点を求めることで行います。またその一点は、お客様が喜んで買ってくださる最高の値段にしなければなりません。

また、以下のような考えも語っています。

経営の死命を制するのは値決めです。値決めにあたっては、利幅を少なくして大量に売るのか、それとも少量であっても利幅を多く取るのか、その価格決定は無段階でいくらでもあるといえます。

どれほどの利幅を取ったときに、どれだけの量が売れるのか、またどれだけの利益が出るのかということを予測するのは非常に難しいことですが、自分の製品の価値を正確に認識したうえで、量と利幅との積が極大値になる一点を求めることです。

稲盛氏の値決めに関する信条を読むと、値決めが経営にとっていかに重要かが理解できると思います。また、価格決定（プライシング）について、要点をついていると感じます。

価格決定において大事なのは、次のポイントに集約されると考えます。

① ターゲット顧客が喜んでその商品・サービスにコストをかけられるか、そのような価格になっているか。

② その価格は、あなたの商品・サービスの価値を正当に示したものか。

2　さまざまな価格戦略

稲盛氏は、「価格決定は無段階でいくらでもある」と述べています。まさに価格戦略は、無数にバリエーションが存在します。ここでは、よく活用される戦略に絞って紹介します。プライシングの参考にしてみてください。

(1)　顧客目線の価格戦略

顧客のセグメンテーションに注目した価格戦略について、3つ記します。

①　2段階価格戦略

1つの製品に2つの価格を設定する戦略です。ふつうは比較的高い価格を設定しますが、時々、キャンペーン、クーポン、キャッシュバックを活用して実質安い価格で販売する手法です。時期や製品数などを限定して値引きする手法もこれに当たります。

②　浸透価格戦略

製品の販売開始時に高い価格を設定し、時間が経つに連れて徐々に価格を引き下げていく手法です。価格に関係なく購入するお客様と価格をかなり意識するお客様の2つの顧客層が存在するときに有効で、価格に関係なく購入するお客様への売上が伸びれば、そうでないお客様に徐々に浸透することができる戦略になります。

③　セグメント別価格戦略

顧客のセグメント別に価格を変える手法です。メインの顧客セグメントがありながら、新規にメインとは別の顧客セグメントを設定し、そこに対して顧客獲得をするためメインのよりも安い価格で製品を販売する戦略がこれに当たります。

(2)　自社目線の価格戦略

あなたの会社のポジションや提供する商品・サービスに注目した価格戦略について、３つ記します。

①　高価格値引き戦略

２段階価格戦略と似ていますが、最初に高い価格に設定して後にメーカー小売価格など値引き価格を提示する手法がこれに当たります。製品に関する情報が不十分で、製品の品質を見分けることが難しいとき、お客さまは、ふつう、価格でその製品の品質を推測する傾向にあります。この傾向を利用し、最初に製品の価格を高く設定することで、あなたの製品の品質価値を高いポジションに引き上げる印象を与える価格戦略です。

②　シェア拡大価格戦略

これは、市場参入当初は、競合製品よりも低価格で市場に投入し、シェア拡大後、市場の価格設定をある程度コントロールできるようになったら価格を徐々に上げる戦略が当たります。他の価格戦略に比べて長期的視野の必要な戦略です。

③　地域別価格戦略

市場の地域セグメント別に価格を変える戦略です。競争の激しい地域では価格を下げ、競争が激しくない地域では価格を上げる手法がこれに当たります。

⑶　多点数製品の価格戦略

あなたの商品・サービスが複数ある場合の価格戦略について、３つ紹介します。

①　ブランド構築価格戦略

製品の品質が似通った別の製品に新たなブランドを立ち上げ、複数のブランドを構築することによって別の価格設定をする戦略です。化粧品や食品などの消費財、自動車などでよくみかける手法です。

②　抱き合わせ価格戦略

ある製品を単品で買うよりも、複数の製品を抱き合わせて買うと合計価格が安くなる価格戦略です。パソコンとソフトウェアなどでよくとられる手法です。

③ 本体消耗品組み合わせ価格戦略

メインの商品・サービスの価格を安く設定し、付属製品や消耗品の価格を相対的に上げて十分な利益を確保する価格戦略です。コピー機、プリンター、ひげ剃り（本体と替刃）などがこの戦略の代表例になります。

以上の価格戦略を表2―4に整理します。

前記の価格戦略を参考にしながら、あなたの商品・サービスの価値を正当に評

表2-4　多点数製品の価格戦略

価格戦略		特徴
顧客目線の価格戦略	2段階価格戦略	1つの製品に2つの価格を設定する戦略
	浸透価格戦略	時間が経つに連れて価格を引き下げていく手法
	セグメント別価格戦略	顧客のセグメント別に価格を変える手法
自社目線の価格戦略	高価格値引き戦略	最初に高い価格設定後、値引き価格を提示する手法
	シェア拡大価格戦略	シェア拡大後、価格を徐々に上げる戦略
	地域別価格戦略	市場の地域セグメント別に価格を変える戦略
多点数製品の価格戦略	ブランド構築価格戦略	複数のブランドを構築して価格設定をする戦略
	抱き合わせ価格戦略	複数の製品を抱き合わせた価格戦略
	本体消耗品組み合わせ価格戦略	メインの商品・サービスの価格を安く設定し、付属製品や消耗品の価格を相対的に上げる価格戦略

価し、ターゲット顧客がよろこんでコストをかけられる価格、ターゲット顧客があなたやあなたの会社に感謝して対価（信用）を提供し返すことができる価格を設定してください。その際、あなたの理念、ＵＳＰ、ターゲット顧客のベネフィット、他のマーケティング戦略と整合性がとれているか、一貫性があるかどうかを再度見直して価格決定してみてください。

以上のようにして、あなたがターゲット顧客に提供する価値（商品・サービス）の価格を決めてください。それが済めば、次のチャックリストに☑し、次のステップに進んでください。できていなければ、再度読み直し、ターゲット顧客が喜んであなたの商品・サービスにかけられるコストや、あなたの商品・サービスの価値を正当に示した価格を検討し、決めてください。

□あなたの価値にお客様はどのくらいのコストをかけるのか？

チェックリスト12　収益の柱を複数立てているか？

あなたは起業するに当たって、収益の柱を複数立てていますか。すぐには立てなくても複数の収益の柱を立てる戦略・計画を考えていますか。

あなたがすでに収益の柱を複数持って起業すれば、起業後の経営は安定し、成功する確率は高いと推察されます。逆に、収益の柱が1本以上立てられないようでしたら、あなたは起業後の経営状況は、かなり脆弱で、成功する確率は低くなるでしょう。

収益の柱を複数立てるということは、本業をおろそかにするという意味ではありません。第1章で立てたあなたの理念、ビジョンの実現を第一に考え、あなたの得意なことやりたいことを行ってあなたの目的を達成して社会貢献するために行う戦略と認識してください。

1　パルテノン戦略

収益の柱を複数持って経営基盤を安定化させる戦略は、パルテノン戦略とも呼ばれています。これは、アメリカのマーケティングコンサルタントの大家、ジェイ・エイブラハム氏が提唱した戦略です。ギリシャのパルテノン神殿がいくつもの柱で構築されているところから、この名が付きました。

パルテノン戦略は、本業とは別に副業を複数つくるという戦略ではありません。本業の事業形態の範囲で複数のビジネスモデルをもつ、あるいはマーケティングチャネルやツールを複数もつといった戦略を指します。

２　ビジネスモデルの柱を複数立てる

あなたの理念に沿い、得意なこと、やりたいことの中から、あなたのＵＳＰを活用したビジネスモデルを複数考えてみてください。

例えば、あなたが歯科医ならば、歯科を開業して治療をするだけでなく、虫歯予防のセミナーを実施したり、歯科医開業のコンサルティングを行ったり、歯科衛生士の専門学校を経営したり、歯の治療に関する本を出版したり、歯科機器メーカーとのコラボや歯磨きメーカーのアドバイザー契約を結んだりするなどは、本業の範囲内で収益の柱を複数立てることにつながります。すべて本業に関係するビジネスです。これは歯科医に限らず、エステシャンや整体師などの方にも応用できるビジネスモデルだと思います。

このようにして、本業の範囲内で本業に絡む複数の収益の柱を立て、それぞれに経営戦略を立ててみてください。

3　マーケティングチャネルやツールを複数立てる

本業のマーケティングチャネルを複数立てる戦略もパルテノン戦略に含まれます。
あなたがターゲット顧客を獲得するマーケティングチャネルとして、どのくらい持っているでしょうか。実店舗の販売は1つのチャネルになります。それ以外にもインターネットを利用した通販（直販）もチャネルの1つです。雑誌や新聞などの紙媒体メディアからの広告宣伝などもチャネルに入ります。知人友人からの紹介、影響力のある有力者や団体からの推薦も1つのチャネルでしょう。販売エージェント会社、卸会社などのベンダーを介するチャネルもあります。あるいは、ビジネスパートナーとのコラボレーション、ジョイントベンチャーも1つのチャネルになります。最近、注目されているのは、展示会出展によるマーケティングも新規顧客を獲得するチャネルとして普及しています。

以上のように、本業を成長させるマーケティングチャネルを考えるだけ列挙し、あなたの事業環境や理念、ＵＳＰ、経営戦略に整合性がとれるようなマーケティングチャネルやツールを複数組み合わせることもパルテノン戦略に含まれます。

4　副業はすべきか慎むべきか

パルテノン戦略は、本業以外の副業を複数立てることではないと前述しました。では、副業はまったくしてはいけないのかと質問されれば、それはYesとは言えず、ケースバイケースで自己判断で副業をされてもよいと思います。情熱がほとばしり、退路を断って起業したはよいものの思うように収益が上がらず資金が底をつき、廃業したのでは、もったいなく、起業した意味がありません。起業するからには継続し、成功したいものです。その場合は、当面の資金を調達するために副業を行うことはやむを得ないと思います。ベーシックインカムを確保しなければ生きていけませんから。

副業には、ダブルワークのアルバイトから、不動産投資、株投資などがあります。本業がおろそかにならない程度の副業に留めてください。副業を複数も掛け持ちして、本業がおろそかになれば、理念を掲げて起業した意味がないと思います。

以上のようにして、あなたのビジネスの経営基盤を安定化させる複数の収益の柱を立ててください。それが済めば、次のチャックリストに☑し、次のステップに進んでください。できていなければ、再度読み直し、パルテノン戦略に基づき、あなたの収益の柱を複数立ててみてください。

□収益の柱を複数立てているか？

●第2章のまとめ

これまで自己の能力を活かした商品創り、経営戦略策定のステップとして、以下の6つのチェックリストをクリアできるように、理論と具体的な方法をまとめました。

□チェックリスト7　お客様が見えているか？
□チェックリスト8　競争相手が見えているか？
□チェックリスト9　あなたしかない独自の強みを磨いているか？
□チェックリスト10　どのように価値を提供するのか？
□チェックリスト11　あなたの価値にお客様はどのくらいのコストをかけるのか？
□チェックリスト12　収益の柱を複数立てているか？

以上のようなチェックリストをクリアしたあなたは、あなたのターゲットとなるお客様のニーズを理解し、あなたの競争相手を分析しつつ競争相手にないあなた独自の強みを最大限に活用した商品・サービスを創り、それを最も効果的な方法でお客様に提供し、その対価としての収益を得る経営戦略が策定できているはずです。さらにそのような戦略を複数立てているかと思います。次章では、それらを基にして、安定的に顧客を獲得する集客・営業のしくみを創っていきましょう。

第3章

集客・営業編

――安定的に顧客を獲得するしくみ創り――

「秘密や魔法など存在しない。セールスで成功するためのプロセスとは、際限なく頭を働かせることだ。最終章はない。そのプロセスを何度も何度も新しく始めるだけだ」（ジョー・ジラード）

「商品を売り込む場合、まず商品知識をしっかりと身につけ、相手を隅々まで知り尽くして、初めて成功が約束される」（盛田昭夫）

チェックリスト13　売り上げを増やす3つの方法を理解しているか？

あなたは、ご自身のビジネスでの売り上げを増やす3つの方法を知っていますか。

この問いかけは、とてもシンプルですが、残念ながら、瞬時に明解に回答する人はとても少ないです。かつての私も、すぐには答えられず、回答に窮した記憶があります。

1　売り上げを増やす3つの方法

売り上げを増やす方法は、次の3つしかありません。

①　お客様の数を増やす。
②　お客様当たりの販売額（平均販売額）を増やす。
③　お客様当たりの販売回数（購入頻度）を増やす。

これは、アメリカのマーケティングコンサルタント、ジェイ・エイブラハムが唱えている方法です。とてもシンプルですが、根源的な考え方だと思います。売上が伸びていないと感じたら、この3つの方法のいずれか、またはすべてを見直し、改善する戦略を考えればよいことになります。
例えば、あなたが起業した1年間のお客様の数が100人、お客様一人当たりの平均販売額が1万円、お客様一人当たりの平均販売回数が10回としましょう。そうすると、1年間の売り上げは、
お客様の数×平均販売額×平均販売回数＝100人×1万円×10回＝1000万円
になります。
それでは、来期は、それぞれの数値を10％上げることを目標に掲げ、それが実現すると、2年目の売り上げは、
（100人×1.1）×（1万円×1.1）×（10回×1.1）
＝110人×1.1万円×11回＝1331万円
となります。
数字の魔力ですよね。それぞれ10％しか増やさないのに、売り上げ額は33.1％も上昇するのですから。
この3つの方法を知っているかいないかで、あなたが起業して成功するか成長するかが決まってくると言っても過言ではないと思います。

2　売り上げ＝あなたの信用＝お客様からの信頼

序章で、信用貨幣論を基に、お金とは、決して「物」でも、「商品」でもなく、法人または個人の（返済能力を基にした）信用と記しました。また、「起業して自らの力でお金を稼ぐということは、そのような信用を創り上げていく、増やしていくということ」とも述べました。

売り上げを上げる方法は、お客様の数を増やすか、お客様当たりの販売額を増やすか、お客様当たりの販売回数を増やすかしか方法はありません。売り上げ金額とは、「あなたの信用」の程度ですから、あなたの信用を高める・増やす方法が、この3つの方法と理解してください。そして、「あなたの信用を高める」とは、要するに、「お客様からの信頼を高める」ということにつながります。

3　売り上げを増やすことはお客様からの信頼を得ること

売り上げを増やす大前提には、お客様からの信頼を得るということがあります。お客様からの信頼を得ることができなければ、売り上げを増やすことは難しく、その前提があってこそ、3つの方法が成立するのです。

既存のお客様からの信頼が高まれば、その評判が新規顧客を生み出しますし、既存のお客様からの紹介や推薦で新規顧客が増えることもあります。

お客様からの信頼が高まれば、あなたの商品・サービスを購入した直後に、付属商品やサービスを薦めると購入する可能性が高まります。そうなるとお客様当たりの販売額が増えることになります。そして、お客様との高い信頼関係が続けば、お客様は何度もあなたの商品・サービスを購入することになり、お客様当たりの販売回数は増えていくことになります。それらの成果が、売り上げアップにつながっていくのです。

売り上げを増やすことは、あなたの信用（あなたの会社の信用）を高めること、お客様との信頼を高めることが前提にあります。安定的継続的に顧客を獲得する集客・営業戦術は、安定的継続的にお客様との信頼関係を高める戦術ということを覚えておいてください。

売り上げを増やす3つの方法と、その根底にある「売り上げを増やすことはお客様との信頼を高めること」という考え方を理解されたでしょうか。理解できれば、次のチャックリストに☑し、次のステップに進んでください。できていなければ、再度読み直し、理解するように努めてください。

□売り上げを増やす3つの方法を理解しているか？

チェックリスト14　お客様を集める3つの成功ポイントを知っているか？

あなたは、お客様を集める3つの成功ポイントを知っていますか。

起業した事業を継続し、成功に導くには、売り上げを上げなければなりません。その売り上げを上げる方法の1つは、お客様を増やすことに他なりません。

お客様を増やすということは、あなたのターゲットとなる見込み顧客（潜在顧客）をできるだけ集め、高い確率で成約し、見込み顧客から顕在顧客になっていただかなければなりません。

それを効果的に成立する3つの成功ポイントをここでは解説します。

1　見込み顧客の数＝（お客様の反応率×お客様への露出数）×集客施策数

見込み顧客を集める3つのポイントは、

① お客様の反応率を高める

② お客様への露出数を増やす

③ ①と②を合わせた集客施策を増やす

になります。

「お客様の反応率を高める」ということは、例えば、あなたの商品・サービスをFacebook広告やDMなどで宣伝した際、それに対してどれだけのお客様が反応してきたか、返信してきたかの割合を高めるということになります。

「お客様への露出数を増やす」ということは、例えば、あなたの商品・サービスをFacebook広告やDMなどで宣伝した際、あとで反応はしないまでも、どれだけのお客様の目に触れることができるか、その数を増やすということです。Facebook広告の場合は、「いいね」とかのリアクションをしなくても、リーチしたらお客様の目に触れたことになります。広告投稿回数を増やすことで、お客様への露出数を増やすことはできます。

「①と②の集客施策を増やす」ということは、マーケティングチャネルや露出の機会を増やすことになります。

２　お客様の反応率を高める方法

さまざまな広告媒体を活用したときの、見込み顧客の反応率を高めるには、ターゲット顧客のベネフィット（便益）を明確につかみ、そのベネフィットをあなたの商品・サービスを購入すれば満たすことができることを訴求し、それをあなただからこそできるというメッセージを送らなければなりません。

(1) ターゲット顧客のベネフィットを心が動くコピーで表現する

ターゲット顧客のベネフィットを明確につかみ、「あなたの商品・サービスを購入すれば、お客様のベネフィットが満たされますよ」という内容を、ターゲット顧客目線の言葉で、興味を喚起するようなキャッチコピーを考えて宣伝に活用すると、反応率は高まります。

チェックリスト7や9で明確にしたターゲット顧客のイメージとベネフィットを基に、興味を喚起するキャッチコピーを考えてみてください。

(2) USPを明確に訴求する

すでにチェックリスト9をクリアされたあなたは、ご自身の事業のUSPを確立されているかと思います。

USPを確立していたとしても、それをストレートにお客様に訴求しても、お客様の購買意欲を掻き立てることにはならないことの方が多いでしょう。「ふーん。それで？」と思われる可能性が高いと思います。

あなたのUSPをあなたのターゲット顧客に明確に訴求するには、ターゲット顧客のベネフィットを満たすのに、あなたのUSPはベストフィットですよ、最強ですよと伝える必要があります。そのようにUSPを訴求すれば、反応率は高まります。

3　お客様への露出数を増やす

あなたの商品やサービスをより多くのターゲット顧客へ知っていただくには、ターゲット顧客がよく目にする広告媒体やSNSなどで告知をする必要があります。商品やサービスをさまざまな媒体で告知しても、ターゲット顧客がその媒体を見なければ意味がありません。

さらに露出数を増やすには、あなたのターゲット顧客のリストを多くもつ、あるいはターゲット顧客群に大きな影響力を及ぼす人物、団体に協力してもらい、あなたの商品やサービスを告知してもらうと露出数は一気に高まります。

(1)　ジョイントベンチャーを起こす

ジョイントベンチャーとはマーケティング用語で戦略的提携を意味します。家電量販店のビックカメラと衣料品メーカーのユニクロが提携して「ビックロ」というテナントを共同出店した事例が、ジョイントベンチャーの代表例としてよく取り上げられます。

企業同士の大掛かりな提携だけでなく、個人レベルの小さなジョイントベンチャーも、起業したばかりのスモールビジネスや、コンサルタントやコーチ、企業研修講師間ではよく行われています。たとえば、スポーツジムのロビーの一角で、健康飲料を販売したり、スポーツウェアや健康器具を販売したりする手法もジョイントベンチャーといえるでしょう。

ジョイントベンチャーを起こすとは、あなたの事業と競合せず、かつあなたのターゲット顧客のリストを多く持っていそうな企業や個人と提携を組み、あなたの商品やサービスを宣伝してもらうのです。もちろん、提携する企業や個人には、その対価をコミッションフィー（手数料、協力料）か何らかの形で支払う必要があります。

(2) 巨人の肩に乗る

ここでいう〝巨人〟とは、あなたのターゲット顧客（の購買心理）に影響力を及ぼす権威を指します。ターゲット顧客にとって、雲の上の存在のような凄い人が〝巨人〟です。

「巨人の肩に乗る」とは、あなたの商品やサービスを、ターゲット顧客にとって巨人のような権威のある人物に紹介してもらうことです。ジョイントベンチャーの1つの手法でもあります。その結果、あなたの商品やサービスは、あたかも巨人の肩に乗ったかのように、権威付けされたような印象をターゲット顧客に与え、露出数が増えるばかりではなく、反応率も高まる効果も期待できます。

お客様（見込み客）を集める3つの成功ポイント、「①　お客様の反応率を高める」「②　お客様への露出数を増やす」「③　①と②を合わせた集客施策を増やす」を理解されたでしょうか。理解できれば、次のチェックリストに☑し、次のステップに進んでください。できていなければ、再度読み直し、理解するように努めてください。

□お客様を集める3つの成功ポイントを知っているか？

チェックリスト15	お客様の購買心理を動かす原理を理解しているか？

あなたは、お客様の購買心理を動かす原理、購買行動に影響を及ぼす心理原則を理解していますか。知っていますか。

本書では、「お客様は必要なモノを求めて買うのではなく、ベネフィットを求めて買う」と何度かお伝えしています。さらに加えれば、お客様は、感情で購買行動を起こし、あとでそれを正当化するために理論立て、理屈をつけます。

つまり、お客様は、商品を見て「この商品は私の不満や不便を満たしてくれる、満足させてくれる」といった心地よい感情が湧いて買い、買うと決意した後で、「今すぐこの商品がなければ明日から仕事に支障をきたすから」とか、「この商品は、他と比べて安価で性能が良いから」といった理由を付けます。

では、そのお客様の商品購入後に期待される「満足感、幸福感」という感情は、どのように生み出されるのでしょうか。

社会心理学者のロバート・チャルディーニは、人はどのように影響を受け、どのように望まれた行動をとるのか、心理学的側面から研究しました。そして、著書『影響力の武器』の中で、人に影響を与える心理的原理として、「返報性」「好意」「一貫性とコミットメント」「希少性」「権威」「社会的証明」の6つの原理があると唱えました。

6つの原理のうち、「返報性」「好意」「一貫性とコミットメント」の3つは、信頼関係の構築に影響を及ぼす原理、「希少性」「権威」「社会的証明」の3つは、不確実性の削減に影響を及ぼす原理と言われています。

1　返報性

あなたは人から贈り物をいただくと、何かお返しをしないといけないと思われると思います。この「受けた恩をお返ししたい」という原理が「返報性」です。スーパーでの試食コーナーや、通販での無料試供品、アプリなどの30日間無料お試し期間などは、この「返報性」を利用したマーケティング手法です。無料お試しセットを購入したので、つい追加で商品を購入したといった経験はないでしょうか。それは、あなたの心に「返報性」が芽ばえ、商品の中身はどうあれ、購買心理が動いたのかもしれません。

「返報性」は、モノをいただいたときだけでなく、笑顔や感謝の言葉など、人から贈られた言動に対しても生じます。見知らぬ通りがかりの人からにこやかに微笑まれれば、つい笑顔になってしまう経験があるかと思いますが、これは「笑顔の返報性」が働いているのです。

2　好意

あなたは、仲の良い友人が勧める商品をつい購入したり、お気に入りの店員からたくさんの商品を買ってしまったりした経験があろうかと思います。これは、「好きな人に同意したくなる」といった「好意」の原理が心の中で働いていると思われます。

人は自分が好意を持っている相手から依頼されると、ほとんどYesと答えてしまいます。なかなかNoとは言いづらい心理が働きます。お気に入りの店員から「○○さん、この商品はぴったりです。お買い求めになりませんか」と勧められると、つい「はい」と答えてしまいますよね。

では、人はどのような理由で好意を抱くのでしょうか。

チャルディーニは、著書の中で、人が好意を抱く理由として、外見的魅力（外見が自分の好みに合っているか）、類似性・共通性（自分と似ているか、名前、出身地、出身学校、趣味など共通するところがあるか）、賞賛（自分のことを褒めてくれるか）、単純接触効果（何回も会ってよく知っているか）、協同（自分に協力してくれる仲間か）、連合（ポジティブ感情と結びつける相手か）を挙げています。

3　一貫性とコミットメント

あなたは、一度約束したことに拘束されたことはありませんか。例えば、大切な人とのディナーの約束をした後、急な商用が入っても、何とかしてその人との約束を守るべく、奔走するとか。これは、「一度約束したことを守ろう」という「一貫性」の原理が働いています。

人は、自分がこれまでに言ったことや行ったことに、「一貫性」を持たせたいと思う傾向を強く示します。それは特に公的に発言したり実行したりした場合に顕著に現れます。

「一貫性」をマーケティングに活用する場合は、お客様に、まず手始めに約束していただけることからお願いし、小さなコミットメントを積み重ねていく手法があります。「お話しだけでも聞いていただけませんか？」という声かけに対して「はい」と答えたお客様は、あなたの質問に小さなコミットメントをしたのです。そこをきっかけに小さなコミットメントを積み重ね、本当に販売したい商品を買っていただくことに活用できます。

4　希少性

２０１９年10月1日に消費税が増税されました。その前日まで、多くの方が駆け込み購買行動をとられていました。これは、「限られたものを欲しがる」「損失を嫌う」といった「希少性」の原理が働いたことを示しています。「消費税８％の商品を買えるのは9月末までだ」「10月から増税分損する」という心理が働いたと思われます。

人は、希少なものほど欲しがる傾向にあります。そして、失うこと、損失（ロス）は希少性の究極の形です。希少なものがベストで、失うこと（ロス）はワーストだと認知するのです。例えば、「本日限りの限定価格」とか、「限定5名様」とか、「地域限定」といった商品をつい購入する人の心理としては、「今日中に買わなければ明日から損する」「5名に入らなければ機会を失う」「この地域に住んでいるから購入しなければ損だ」という損失を嫌う心理が働いていると思われます。

「情報の排他性」（他は知らない、自分しか知らない情報）というのも「希少性」の一つの形です。

5　権威

あなたは、普段尊敬する有名人、その道のプロが勧める商品を、さして特徴や性質を調べもせず、「あの人が勧めるんだから間違いない」と購入した経験はありませんか。もし購入されたら、あなたはそのとき、「権威」という原理に影響を受けている可能性が高いです。

人は、権威のある人物、博識だと思う相手の言うことに従う傾向にあります。多くは無自覚に従い、好ましくない行動をとるように依頼されても起こることがほとんどです。なぜなら、権威に従うことで、意思決定のための面倒な思考・判断から逃れられるからです。

「権威」の影響力を悪用し、インチキな「権威」を演出してお客様からの「信頼度」を高め、行動を促す例も残念ながら多いです。振り込め詐欺で、刑事役とか弁護士役が会話に登場するのも「権威」を利用して被害者の心理に影響を及ぼしているのです。ただし、インチキな「権威」は、一度「信頼性」に疑問を抱かれると、影響力は一気に失われます。

最も効力を発揮する「権威」は、「信用できる権威」です。ですから、「権威」という原理を顧客の購買行動を促すマーケティングや営業活動に活用する場合は、正当な「信用できる権威」を訴求できるようにしましょう。

6　社会的証明

あなたは、街角で行列のできているラーメン店などの飲食店をみかけたとき、「このお店は流行ってて美味しそうだな。入ってみよう」と行列に並んだり、あるいは日を改めて訪れたりした経験はありませんか。このときのあなたは、「周囲の動きに同調したくなる」という同調圧力がかかり、「社会的証明」という原理が働いた可能性が高いと思います。

人は、ある不確実な状況において、多くの人々、しかも自分と似た人々がした通りにする傾向を強く示します。他人が何を正しいと考えているかに基づいて物事が正しいかどうかを判断する可能性が高いのです。他人の行為を自分の行為に反映しようとする気持ち、同調圧力が生じやすいのです。日本人は特に同調圧力の強い国民性があると言われています。

広告などで、「売り上げ№1」とか、「100万個突破！」とかのコピーや、商品の体験談を示しているのは、「社会的証明」の原理を活用しています。「みんなが使っているのなら私も使おう」「こんなに売れてるならきっと良いんだろう」といった心理を利用しているのです。

お客様の購買心理を動かす原理、「返報性」「好意」「一貫性とコミットメント」「希少性」「権威」「社会的証明」とその活用を理解されたでしょうか。理解できれば、次のチャックリストに☑し、次のステップに進んでください。できていなければ、再度読み直し、理解するように努めてください。

□お客様の購買心理を動かす原理を理解しているか？

チェックリスト16　お客様との信頼関係の構築法を理解しているか？

あなたは、お客様との信頼関係の構築法を理解していますか。

チェックリスト15で、お客様は感情で購入し、あとで理論立てて購買行動を正当化すると記しました。また、お客様の購買心理に影響を及ぼす原理として、6つの原理を示しました。

お客様は、あなたの提供する商品・サービスがいくら良くても、あなたのことに好意を抱かず、あなたとの良好な信頼関係を築けなければ、購入しません。逆にあなたの商品・サービスがさほど良くないとしても、お客様があなたに好意を抱き、あなたを信頼していれば、お客様はあなたの商品・サービスを購入します。

では、どのようにしたらお客様との良好な信頼関係を構築することができるのか、チェックリスト15で示したチャルディーニの唱える、人が好意を抱く理由を基に解説します。

1　外見的魅力（外見が自分の好みに合っているか）

人が初対面の相手をどのような人か判断する時間はどれくらいだと思いますか。

0・25秒です。

1秒の四分の一というわずかな時間で、あなたと初めて会うお客様は、あなたがどういう人間か判断します。

では、わずか0・25秒でお客様はどのような判断をするのでしょうか。それは、「その人が聡明かどうか」「その人が熱心かどうか」「その人が専門的かどうか」を判断します。

たかが外見、されど外見で、「外見だけで判断するなんて、もっと中身を見てくれ」と内面に自信を持たれている人は、せっかくだから外見的な魅力を磨いていただいた方が、起業しても成功する確率はぐっと高くなります。

あなたがお客様と初めてお会いするとき、清潔な格好をし、姿勢を良くし、笑顔を絶やさず、明るく振る舞うことはできると思います。あなたの外見的魅力は高まり、内面の良さも引き立つはずです。

ただし、注意すべきは、あなたのターゲット顧客が良好な信頼を寄せる外見にすることです。

あなたのターゲット顧客がステレオタイプな魅力ある外見に好意を持たないようであれば、改めなければなりません。

２　類似性・共通性（自分と似ているか、共通するところがあるか）

お客様とお話しするとき、お客様に質問し、出身地、出身学校、趣味、応援しているスポーツチーム、好きなタレント、好きな映画などを聴いてみてください。そして、何か自分と共通するもの、似ているものが見つかれば、こう話しかけてください。

「私もそうなんです。一緒ですね」と。

このように声をかけると、類似性や共通性が働き、お客様はあなたに好意を抱き、良好な信頼関係が構築される最初のステップを踏んでくれるでしょう。

３　賞賛（自分のことを褒めてくれるか）

人は、他人から承認され、賞賛されると、自尊心が高まります。そして、人が行動を起こす動機には、自尊心が深くかかわってきます。つまり、人は、自尊心を満足させるために行動し、自尊心が傷つくのを避けるために行動する傾向にあります。

あなたがお客様と商談するとき、お客様に敬意を持って接し、お客様の身だしなみ、振る舞い、言葉遣い、発言内容、あるいは存在そのもの、何か1つでも心から承認し、賞賛すれば、お客様はあなたに好意を抱くでしょう。

賞賛のお声がけは、良いことを前提に質問するという方法があります。例えば、靴にとても愛着があり、こだわっている男性のお客様に、「お客様の今日のお靴、とてもセンスが良いですけど、どこでお買い求めになられたのですか?」というように、お客様の靴のセンスが良いことを前提に会話を交わすと、あなたへの信頼感がぐっと増します。

さらに、共通性・類似性と組み合わせて良い前提を会話に挿入すると、さらに効果があります。例えば、「あの映画がお好きだなんて、映画のことをよく理解された本当の映画ファンなんですね。私も映画が大好きですけど、お客様には及びません」というふうに会話を運ぶと、映画ファンという共通性に加え、お客様の自尊心が高まり、あなたとの良好な信頼関係が構築されます。

4 単純接触効果(何回も会ってよく知っているか)

人は、よく知っている人、よく知っているモノに対して信頼を寄せ、好意を抱きます。この心理を利用して、何度も繰り返し接触し、相手との信頼関係を構築する方法があります。

　このような心理効果を単純接触効果と言います。アメリカの心理学者ロバート・ザイアンスが１９６８年に論文発表して広く知られたことから、ザイアンス効果と呼ぶこともあります。

　単純接触効果は、何度も直接会うこと、接触することで効果を発揮しますが、電話、手紙、メールを何度も送って接触を繰り返すことでも効果を表します。つまり、お客様と良好な信頼関係を構築するには、お客様に常に敬意を払い、「あなたのことを常に考えていますよ。決して忘れていませんよ」というメッセージを送り続けることです。

５　協同（自分に協力してくれる仲間か）

　人は他者と協同作業をするとき、その他者に好意を抱くようになります。

　この協同の原則をお客様との商談に活用するには、「私は私の商品をご提供することで、協同でお客様の不満を解消し、満足感を得るお手伝いをしています。お客様のベネフィットを満たすのに貢献する仲間です」というメッセージを言下に含むようにすると効果が現れ、お客様は、あなたに好意を抱くようになるでしょう。

6　連合（ポジティブ感情と結びつける相手か）

ある出来事が起こったとき、その外的要因とその相手とが結びつけられて特定の感情を持つ心理を「連合」と言います。良いニュースを運ぶ人には好感を抱き、悪いニュースを伝える人には悪意を抱いてしまうのは、この心理が働いことを示しています。

生ビールのポスターに美人タレントの水着の写真が使われたり、テレビのＣＭで、人気アイドルに商品を使ってもらうのは、この「連合」の効果を利用しています。

「連合」の効果をお客様との商談に活用するには、お客様に、かつて、愛情や感謝、幸福感、祝福、歓喜といったポジティブ感情を多く抱いた経験をお聴きし、そのポジティブな体験と、あなたの商品・サービスを組み合わせる方法があります。つまり、あなたの商品・サービスを購入すると、過去のポジティブ感情を多く抱いた体験を再現できると「連合」させれば、お客様は、あなたとの良好な信頼関係を構築し、あなたの商品・サービスを購入していただけるでしょう。

お客様との良好な信頼関係を構築する方法を理解されたでしょうか。理解できれば、次のチェックリストに☑し、次のステップに進んでください。できていなければ、再度読み直し、理解するように努めてください。

□お客様との信頼関係の構築法を理解しているか？

チェックリスト17　お客様のニーズを把握する方法を理解しているか？

あなたは、お客様のニーズを把握する方法を理解していますか。

第２章のチェックリスト９でＦＡＢＥ分析を行ったあなたは、ターゲット顧客のベネフィットについて分析し、把握していると思います。そのお客様のベネフィット、ニーズをお客様との会話や商談の中から確かめる方法を知っていますか。

当然ながら、「お客様のお困りごと、お悩み、御要望は何ですか？」とお客様にストレートにベネフィットやニーズをお聴きしても、明快に、自分の真の悩み、奥底の要望を回答するお客様は極めて少ないはずです。

なぜなら、お客様は、自分の本当の欲求がわからないからです。正確に言えば、お客様は、自分の本当の欲求を脳内で整理できていない状態だからです。

このような場合、最初にお客様のニーズを引き出すきっかけをつくる、とてもシンプルな質問があります。その質問をきっかけに、さらにお客様と信頼関係を深めながら、ニーズを整理させる質問スキルに展開し、お客様の本当のベネフィット、ニーズを把握する方法があります。

1 「一貫性とコミットメント」を利用したファーストトーク

会話や商談の場でのお客様のニーズを確認するときの最初のトークは、お客様にまず「YES」と言わせる、あるいは、心の中で「YES」と思わせる質問をすることが大事です。

例えば、お客様との商談の場では、「今回、このようなお時間をいただきましたのは、○○の案件について、ご提案させていただけるということでよろしいですよね?」あるいは、「○○の件について、ご興味がおありでお時間をいただけたのですね?」と質問します。

これはアポをとった商談の場だけでなく、店頭に来られたお客様にも使えます。「お店にいらっしゃったのは、何か○○にご興味があって来られたのですよね?」というふうにです。

お客様は、アポを取った段階で、話を聴きたい、提案に少し興味があると思っているので、その質問を受け、「はいそうです。」と答えるか、心の中で、「はい」と思い、うなずくはずです。

お客様からの「はい」を確認したら、次の質問は、「それでは、○○の件について、今、何かお困りな点（ご不満な点）はおありですか？」と質問をします。

そのような質問をすれば、お客様からの表面的なぼんやりとしたニーズをまずは確認することができます。

これは、チェックリスト15で記した「一貫性とコミットメント」の原理を活用した質問スキルです。

人は、自分が約束した（コミットした、ＹＥＳと肯定した）言動に対して、「自分の言動には一貫性がある」と信じ、一度コミットした言動を無意識に守ろうとする原理が働きます。つまり、最初の質問で「今日は、◯◯という案件の商談で、それに関心があるよね？」という質問にお客様が「ＹＥＳ」と言うと、その言動（◯◯に興味がある）に一貫した言動を、以降はとるようになるのです。ですから、２番目のお困りの点（ご不満な点）についても、すんなりお答えになるはずです。

お客様が「ＹＥＳ」と言わないし、思ってないようだったら、そのお客様は、そもそも該当の商品や提案に興味がないのだと判断できます。お客様が「ＹＥＳ」と言ったり、思った態度を示したりしても、２番目の質問に明確に回答しないのでしたら、そのお客様は見込み客とはならず、単なる〝ひやかし〟の可能性が高いはずです。

このようにお客様の表面的なニーズを引き出す最初と２番目のトークは、見込み客か冷やかし客かを振り分ける質問にもなります。

2　質問でお客様のニーズを形作る

お客様との会話や商談の場で、まずは表面的なニーズを確認したのちは、そのニーズをより具体的に把握する段階に移ります。それには、お客様にさらに質問を続けることで、お客様のニーズをお客様の脳内で整理し、具体化していく、「お客様のニーズを形作る」方法があります。

チェックリスト17の冒頭で、「お客様は、自分の本当の欲求がわからない」「お客様は、自分の本当の欲求を脳内で整理できていない」と記しました。

実際、商談の最初の段階、購買行動の初期の段階で、買いたいもののイメージを明確にもっていらっしゃるお客様は極めて少ないと思います。

そこで、そのお客様の買いたいもの（ニーズ）を明確にする作業を、セールスする側がすると、商談が上手く進みます。ではどのようにするのでしょうか。

それは、お客様の脳内でもやもやとした曖昧なイメージを質問によって具体化するお手伝いをするのです。

例えば、「なるほど、○○というご希望なのですね。○○と言うと、例えばどんな○○なのでしょう?」とか、「なるほど、○○というご希望は具体的には?」とか、極端な事例を示し、「○○では過ぎるのですか?」と質問して根拠を聞き出すとかすると、お客様のニーズは具体化していきます。

このような具体的なイメージを聞き出す質問をすればするほどお客様は語ります。お客様は質問に答えることによって、自分自身でも明確でなかったニーズを、よりはっきりさせることができるのです。

あなたは、自分の考えを誰かに話すと、話しながら自分の頭の中が整理されていく経験がありませんか。そのような心理的効果を、この質問のスキルは利用しているのです。

会話や商談の中で、お客様のニーズを把握する方法を理解されたでしょうか。理解できれば、次のチャックリストに☑し、次のステップに進んでください。できていなければ、再度読み直し、理解するように努めてください。

□お客様のニーズを把握する方法を理解しているか？

チェックリスト18　成約（クロージング）の方法を理解しているか？

あなたは、お客様との商談で最終的に購買を決めてくれる成約（クロージング）の方法を理解していますか。

おわかりだと思いますが、あなたの提供する価値、商品・サービスを長々と説明した後で、「いかがですか。買ってくださいませんか」とクロージングしたところで、お客様が買っていただく可能性は極めて低いでしょう。

「ビジネスは恋愛に似ている」と、とあるコンサルタントは言いました。商談においてのクロージングは、プロポーズのようなものです。

あなたがプロポーズを受ける立場であったら、あなたの気持ちを確かめもせず、一方的に自分の魅力を話しだし、最後に唐突に「では私と結婚してください」と言われてあなたは結婚しますか。さらに極端な場合、会って間もない瞬間に、いきなり「付き合ってください」と言われ、交際しますか。多くの方はプロポーズを受けないし、付き合わないでしょう。

笑い話ではなく、これと同じような商談、クロージングを行うケースが残念ながらみられるのです。

それでは、効率的科学的なクロージングの方法を記します。

１　ニーズを確認する。

チェックリスト17までの段階で、あなたはお客様のニーズを深堀し、すべて聞き出しているはずです。クロージングの最初の段階は、このニーズをひとつひとつお客様に示して確認を取ってください。このとき大事なのは、「○○というご要望でしたよね」と確認の質問をしたら、必ずお客様に、「ええそうです」とか、「そうだったね」とか、「ＹＥＳ」を引き出してください。

２　ニーズをすべて満たした断れないオファーをする。

お客様からニーズをすべて確認したら、次のステップとして、そのニーズを、あなたの商品・サービスで満たすことができるオファー（提案）をしてください。

商品・サービスでお客様のすべてのニーズを満たすオファーをするということは、「お客様のニーズを商品・サービスで満たすことのできない範囲のものは、妥協してそのニーズにすり寄ったサービスを新たにつくる」ということを意味してはいません。

そうではなく、「商品・サービスの特性・スペックは変わらないけど、お客様のニーズの奥底にある真の欲求、ベネフィットを満たすことができるようにお客様の認知・感情をよせていただく」ということを意味します。

では、どのようにオファーすれば良いのでしょうか。

(1) ベネフィットを満たすことを訴求する。

お客様のニーズのうち、あなたの商品・サービスで満たすものはそのまま訴求すればよいですが、それができないニーズは、ニーズの奥にあるお客様の真の欲求、ベネフィットを、あなたの商品・サービスを購入して使っていただければ満たしますよという「ニーズの転換」を訴求すれば、ニーズはすべて満たすことになります。

例えば、車を買い替えるお客様がいらっしゃって、最終的に候補に挙がっている車をあなたが購入していただくようクロージングしているとします。お客様のニーズはすべて把握し、ほとんどが候補の車でそのニーズは満たされているのですが、ただ一つ、

「いや、この車、買いたいんだけど、値段がねえ。もう少し安くならないの」と価格の面でニーズが満たさないことがわかります。

そのとき、お客様のニーズにすりよって「ではお値引きします」では、お客様のニーズに暗に妥協したことになり、今後も、「この人は、無理を言えば、引いてくれるんだ。要求を通してくれる人なのだ」と思われてしまいます。それはあまり良いクロージングではないですよね。

断れないオファーをする観点でクロージングすれば、分割払いとか、頭金ゼロとか、値引きをしないまでも、当面の出費のイメージを和らげる何らかのオプションを提示するのも良いかもしれません。

ベネフィットを満たすことを訴求するのであれば、このときのお客様のニーズは、「値段が安くて、それ以外の自分のニーズを満たしてくれる車」のはずですから、現在の価格で一時的に出費をしても、ベネフィットを満たしつつ、将来的には、金銭的にメリットがありますよと訴求すれば良いのです。

例えば、このお客様の真のベネフィットが、「安心で快適な車で家族とドライブを楽しみたい」であれば、価格以外は、候補の車でニーズやベネフィットが満たされることがわかっているので、そのベネフィットを訴求するのです。「このお車を購入していただければ、当分、買い換える必要もないし、燃費も良いので、購入後のランニングコストは抑えられ、ご家族で安心で快適なドライブが楽しめますよ」と。そうすれば、成約率はかなり高まります。

(2) お客様の不のハードルを上げる

「お客様の不のハードルを上げる」とは、ベネフィットを満たす機会損失のリスクを訴求するということです。つまり、「お客様はベネフィットを満たしたいんですよね。今すぐご購入を決めないと、当分ベネフィットを満たされないですよ。我慢の日々が続きますよ」ということを訴求するのです。

これには、チェックリスト15で示した購買行動に影響を及ぼす原理を活用します。たとえば、希少性を利用し、「今月限りで、この車の販売キャンペーン価格は終わってしまいます」と訴求したり、社会的証明を利用して、「すでに今月で１０００台の予約が入っています」と訴求したりする方法です。

当然ながら、「希少性」や「社会的証明」を活用して不のハードルを上げる訴求法は、事実を伝えるようにしてください。

(3) 購入後のポジティブなイメージを想像させる。

クロージングの段階に入ったお客様は、あなたの商品・サービスを購入し、それを活用したときのベネフィットを満たした心地よい未来像をイメージしているはずです。あなたは、巧みな質問をして、そのイメージのポジティビティを高めるようにしてください。

例えば、先の例の車を購入したいお客様であれば、あなたは、「仮にこのお車を購入されたとして、お客様は、まずご家族でどこにドライブに行きたいですか?」と質問をしてみてください。

「そうだね。まずは○○の海岸沿いをドライブしたいなあ」とお客様がお答えになると、「良いですね。この車は、○○海岸のワインディングロードを快適に走ることができますので、奥様もお子様も、とても喜ばれるでしょう。○○海岸沿いをドライブされて、お食事はどこでとられますか?」と矢継ぎ早に質問をして、商品・サービス購入後の心地よい将来像のイメージを膨らませるようにしてください。

(4) 購入を前提として2~3択の質問をする

まだ購入の成約をしていない段階でも、すでに購入したことを前提にさりげなく2択の質問で、どちらの商品・サービスを購入するか質問してみてください。

例えば、先ほどの車を購入したいお客様に対しては、クロージングの商談をした後で、「それでは、お車の色は、赤にしますか、それとも黒にしますか?」、あるいは、「それでは、お車に○○のオプションは付けられますか。付けられませんか?」と2~3択の選択質問をしてください。

これはすでに購入することを前提にした選択質問ですから、その質問にお応えしたお客様は、頭の中では、購入の前提に肯定したことになります。

3　最後に一言添えて後は無言を貫く。

ここまでひととおりお客様にクロージングをしたのち、最後に、「ご購入は本日お決めになりますか」と一言添え、あとはお客様からの返答があるまで、無言を貫いてください。

クロージングの段階まで進み、クロージングの話を聴いたお客様の購買に関する選択肢は以下の4つしかありません。

選択肢①　あなた以外でニーズとベネフィットを満たす商品・サービスを購入する。

選択肢②　購入するのをあきらめる。

選択肢③　納得してあなたの商品・サービスを購入する。

選択肢④　買える状況に達するまで購入を延期する。

あなたのクロージングを聴くまでの段階に達したお客様は、高い確率で③を選ぶはずです。

ですから、やりきったら無言で返答を待ちましょう。

選択肢①や②を選択する確率は極めて低いでしょう。これを選択するお客様だったら、クロージングまで至っていないはずです。クロージングの段階に達したお客様は、かなり切羽詰まって購入したいと思っているはずです。

選択肢④を選ぶお客様には、あなたとの信頼関係は構築されているはずですから、単純接触効果を活用して、定期的にフォローの連絡をし、購入する時機になったら商談を進めればよいと思います。

成約につながるクロージングの方法について理解されたでしょうか。理解できれば、次のチャックリストに☑し、次のステップに進んでください。できていなければ、再度読み直し、理解するように努めてください。

□成約（クロージング）の方法を理解しているか？

●第３章のまとめ

これまで安定的に顧客を獲得するしくみ創り、集客・営業の戦術として、以下の６つのチェックリストをクリアできるように、理論と具体的な方法をまとめました。

□チェックリスト13　売り上げを増やす3つの方法を理解しているか？
□チェックリスト14　お客様を集める3つの成功ポイントを知っているか？
□チェックリスト15　お客様の購買心理を動かす原理を理解しているか？
□チェックリスト16　お客様との信頼関係の構築法を理解しているか？
□チェックリスト17　お客様のニーズを把握する方法を理解しているか？
□チェックリスト18　成約（クロージング）の方法を理解しているか？

以上のようなチェックリストをクリアしたあなたは、お客様を集める3つの成功ポイントを理解し、お客様の購買心理を動かす原理に基づき、お客様と信頼関係を築き、ニーズを確認し、ベネフィットを満たす訴求をし、クロージングを経て効率的に成約をしていただき、安定的に顧客を獲得しているはずです。

次章では、戦略や集客営業戦術を実行する上で必要なリソースであるお金の管理方法を理解し、資金を有効に活用して経営活動を軌道に乗せる計画を創っていきましょう。

第4章 資金管理・事業計画作成編——順調な資金繰りができるビジネスプラン創り——

「お金がないから何もできないという人はお金があっても何もできない」
（小林一三）

「金が全てじゃねぇが、全てに金が必要だ」
（『闇金ウシジマくん』のセリフ）

「お金は持たなくても俺、信用があるから大丈夫ですよ」（タモリ）

「借金も財産じゃ。それだけ世間に信用があるちゅうこっちゃ！」
（小説『赤いダイヤ』の小豆相場師、森玄一郎のセリフ）

チェックリスト19　どのくらい資金が必要か理解しているか？

あなたは、起業に当たって、どのくらい資金が必要か知っていますか。

起業に必要な資金は、個人事業主として起業する場合と法人として起業する場合とで異なってきます。

個人事業主の場合は、起業するだけなら、税務署に開業届を提出するだけで起業が完了しますので、起業資金はゼロですみます。

法人として起業する場合は、資本金１円でも起業できますので、資本金と法務局への法人登記等にかかる費用を捻出できれば、形式的にわずかな資金で起業ができます。

ただし、当然のことながら、資金を抑えて起業したものの当面の運転資金は必要ですし、起業してすぐに収益がでればよいですが、そうでなければ当面の生活費は必要になってきます。

それでは、起業するに当たって、どのくらいの資本が必要なのかを記します。

1　起業資金の内訳

ふつう、起業資金は、次のような式で分解されます。

起業資金＝会社設立実費＋運転資金＋各種税金＋当面の生活費

(1)　会社設立実費

会社設立実費とは、株式会社などの法人を設立して起業するときに必要な法定実費をいいます。これには、登録免許税や定款印紙代などが含まれます。株式会社、合同会社などの法人の形態によって、必要な費用が変わります。

株式会社の会社設立実費を例に示します。株式会社を設立する場合、まず、定款にかかる費用と税金が必要になります。定款を登録するために、定款の謄本手数料が約２０００円、公証人手数料が約５万円、収入印紙代は４万円、合計10万円程度の費用がかかります。さらに、登録免許税として最低15万円が加わります。登録免許税は、資本金の０・７％か、15万円の高い方を納める必要があります。

したがって、株式会社の設立には、資本金は１円でも可能ですが、設立実費には約25万円の金額が必要になるということになります。ただし、定款を電子定款にすることで収入印紙代の4万円を節約することもできます。

(2) 運転資金

運転資金とは、事業活動を継続する上で必要になる資金、ランニングコストのことです。起業したとはいえ、収益が上がらなくても、細々とした出費は生じます。

例えば、営業活動によって交通費、電話代などの通信費などが生じます。会社案内や提案資料、お店の案内チラシやパンフの製作費も運転資金に入るでしょう。事務所を借りるのであれば、家賃、光熱費、飲食店を構えるのであれば、店舗保証費、内装費も運転資金に入ってきます。さらに、ご自身の報酬、人を雇うのであれば人件費、商品の仕入れ代など、必要な経費を挙げればきりがありません。

ご自身のビジネスプランにそって、当面どれだけの運転資金が必要なのかを計算し、どこでどれくらいの資金をどのように調達するかを考える必要があります。

(3) 各種税金

起業に際してかかる税金は、個人事業主と法人で異なります。

個人事業主として起業する場合、確定申告後、利益が出れば所得税を支払わなければなりません。しかし、赤字の場合は所得税ゼロで、国民年金も免除される場合があります。ただし、国民健康保険の免除はありません。

法人として起業する場合、会社設立実費のほかに、赤字、黒字にかかわらず毎年最低7万円の税金（法人住民税均等割）が発生します。もし利益が生じた場合は法人税も上乗せされます。

余談ですが、私は、法人として起業した1年目は大赤字で、1円も税金を払いたくない、とてつもないナーバスな心境だったので、法人税を払わないで済むと決算時に安堵していたのですが、法人住民税を請求されて愕然とした記憶があります。一応ＭＢＡホルダーなのに、こんなことまで忘れてしまうほど、初年度の赤字は精神的にこたえたのでしょう。

法人で起業する場合は、社会保険料の存在も経費として念頭に入れる必要があります。ご自身の社会保険料は当然のこと、社員を雇用する場合は、社員の社会保険料の出費も運転資金に考えなければなりません。

(4)　当面の生活費

起業してすぐに売り上げが上がり、軌道に乗って生活に困らない収入が発生する例は、まれなケースだと思います。ですので、運転資金には、企業の経営活動に直接かかわらないにせよ、自分自身の当面の生活費も、起業後の運転資金に含む必要があります。
当面の生活費の計算方法は、次の計算式を参考にしてみてください。

当面の生活費＝1か月の生活費×事業収入だけで生活できるまでの月数

1か月の生活費は、人によって金額が異なりますが、起業前の毎月かかる費用を目安に算出してください。ご家族がいらっしゃる場合は、その分生活費は増えていくでしょう。

事業収入だけで生活できるまでの月数も、事業形態やビジネスプラン、その人のマインドと能力で異なってきます。これは、予想や仮説の話でしかないのですが、第2章で立てた事業計画と経営戦略を練りに練り、自分を信じて算出するしかないでしょう。

右記の計算式で、1か月の生活費30万円、事業収入だけで生活できる月数を12か月とすると、当面の生活費は、30万円×12か月＝360万円となります。

2　起業資金の目安

これまでのことから、企業に際しての資金は、個人事業主か法人か、事業形態、ビジネスプラン、一人で起業するか仲間複数人と起業するか、1か月の生活費の多寡、事業収入だけで生活できる月数の多寡、なによりもマインドの強さ、理念の深さによって異なります。

起業後すぐに軌道に乗る確実なめどが立ち、強い勇気とビジネスマインドを持つ人であれば、個人事業主の場合は、資金ゼロ、法人の場合は、資金40万円程度（法人設立実費＋法人住民税＋1回分の社会保険料）あれば、起業できます。起業後すぐに軌道に乗る見通しがなければ、資金としては、２００～４００万円は必要になるでしょうか。

２００～４００万円必要と知って、気後れしていては起業は難しいでしょうし、起業しても成功する確率は低いでしょう。『闇金ウシジマくん』のセリフではないですが、起業に必要なものは、「金が全てじゃねぇが、全てに金が必要だ」ですから。

ただし、起業家としては、小林一三氏の言葉、「お金がないから何もできないという人はお金があっても何もできない」も正しいと思います。資金がないからたまるまで起業しないという選択もありますが、まずは起業したいという情熱が冷めないうちに起業し、資金不足で事業の軌道が乗れない状況が続いたとしても、事業以外の副業、ダブルワークのアルバイトで当面の運円資金を回すという方法もあります。

起業に当たってどれだけ資金が必要か、運転資金の内訳とその算出方法、起業に必要な資金の目安について理解されたでしょうか。理解できれば、次のチェックリストに☑し、次のステップに進んでください。できていなければ、再度読み直し、理解するように努めてください。

□どのくらい資金が必要か理解しているか？

チェックリスト20	資金調達の方法を知っているか？

あなたは、起業に際して必要な資金を調達する方法を知っていますか。

チェックリスト19で、ご自身が起業する際に必要な資金を算出されました。算出された起業資金は、すでに手元にありますか。なければどこからか調達しなければなりません。

資金調達には、さまざまな方法があります。以下、まとめて記しましょう。

1　資金調達の方法

資金調達の方法は、大きく分けて、①補助金・助成金などの資金援助、②融資、③出資、④借入の4種類があります。以下の表にまとめておきます。

(1)　補助金・助成金などの資金援助

補助金や助成金は、国や地方公共団体が、経済活性化を目的として、起業家に資金援助する制度です。経済産業省や厚生労働省、地方自治体などが担っています。原則返済の必要はないのですが、それだけに審査は厳正です。各省庁や自治体により制度はさまざまで、その内容も頻繁に変わるため、常に情報収集に努めた方がよいと思います。

最近では、シニア起業家向けの補助金など手厚い支援がされる傾向にあり、起業家への補助金支援のハードルが下がっています。さまざまな情報を収集して自分に最適な資金調達を選んでみてもよいと思います。

(2)　融資

銀行や信用金庫、日本政策金融公庫などの金融機

表4-1　資金調達の方法

分　類	方　　法
①資金援助	・創業補助金 ・小規模事業者持続化補助金 ・厚生労働省による生涯現役起業支援助成金
②融資	・日本政策金融公庫　・信用保証協会 ・銀行・信用金庫　・マル経融資
③出資	・自己資金　・他企業からの出資 ・ベンチャーキャピタル　・エンジェル投資家 ・クラウドファンディング
④借入	・家族、知人からの借入 ・消費者金融からの借入

関から融資を受ける調達方法です。比較的低金利ですが、返済義務が生じます。また、銀行、特に大手銀行は審査のハードルが高く、しっかりとした事業計画書と本人の覚悟がなければ、融資を受けることは難しい場合が多いです。

その中でも、日本政策金融公庫は、創業融資に積極的で銀行ほど審査のハードルは高くありません。まったくの実績のない起業家が融資を受けるには、適した金融機関だと思います。日本政策金融公庫の新創業融資制度は、申し込みから融資実行までの期間が短く、無担保無保証、連帯保証人不要といったメリットがあります。経営の初心者にここまで手厚い資金援助をしてくれる団体は、他にはありません。

(3) 出資

自己を含め、自社以外から資金を譲り受ける方法です。返済義務を生じる場合と返済不要な場合があります。

① 自己資金

ご自身の資金、懐のお金を起業資金に回す方法です。金利負担がないというメリットがあり、かつ、他の資金集め方法と違い、利息や返済を気にせずに済むので、ストレスの少ないというメリットもあります。

ただし、いくら金利負担がないとはいえ、起業資金に占める自己資金の比率をあまり多くするのは、賛成できません。なぜなら、軌道に乗るまでの収益が上がらない時期は、その自己資金が徐々に失われていく様を体験し、深いネガティブ感情が湧いてメンタルが弱ってしまうからです。なにを隠そう、私がそうでした。私は、起業資金の90％以上、自分の貯金や前職の退職金から当てていたのですが、起業初年度、大赤字を計上してしまい、自己資金がむしばまれていってしまい、さすがに感情のコントロールができず、パフォーマンスが著しく下がった苦い経験があります。

② 他企業からの出資

スタートアップのベンチャー企業などが、株式を他企業に譲渡し、出資を受け入れる方法です。株式の譲渡比率について出資者と交渉する必要があります。ただし、株式譲渡比率に注意しないと、出資企業からの買収の危険性が上がります。

③ ベンチャーキャピタル・エンジェル投資家

ベンチャーキャピタルや、エンジェル投資家からの投資を受ける方法です。エンジェル投資家からの出資は、契約条件によりますが、基本的に返済の必要はありません。

ベンチャーキャピタルとは、成長が見込まれる未上場企業に投資する会社です。エンジェル投資家とは、企業や個人のビジョンや魅力に投資する投資家です。いずれの投資先も、ビジネスプランに収益の可能性（儲かるかどうか）や魅力的なビジョンが感じられなければ出資を受けることができません。起業家の戦略策定能力と、プレゼンテーション能力が問われます。

エンジェル投資家の文化は、アメリカのシリコンバレーで始まったようですが、最近では、日本でも徐々にエンジェル投資が普及しており、エンジェル投資家と起業家をマッチングするサイトやサービスも増えています。

④　クラウドファンディング

クラウドファンディングとは、インターネットなどを介して、不特定多数の人から資金の提供や協力などを行うことをいいます。ソーシャルファンディングとも呼ばれます。

クラウドファンディングには、金銭的なリターンを求めない寄付型や、リターンを必要とする投資型などがあります。日本にも、いくつかの信用できるクラウドファンディングサイトがありますので、このようなプラットフォームを利用して起業資金を集める方法もあります。

(4)　借入

家族や知人、あるいは消費者金融などから借金をして資金を調達する方法です。個人的には、いずれもあまりお薦めはしません。

家族や知人から借入をする場合は、よほど信頼関係が深い場合であれば良いですが、そうであったとしても、返済ができない状況が続けば、信頼関係が損なわれ、借金を抱えた方は、罪悪感が生じ、仕事のパフォーマンスにも影響を及ぼすでしょう。

金利の高い消費者金融からの借金は、お薦めしません。特に創業時、起業資金が足りないという理由で、安易に高金利な消費者金融から資金を借り入れることは絶対にやめた方がよいでしょう。起業して軌道に乗った段階において、確実に収益が見込めるけども、つなぎ資金が不足している状況にあり、他に手段がないときには、少額の借財はやむを得ないところではありますが、その場合も少額にとどめるべきだと思います。

2　お金は「信用」だが弁済能力という歯止めを忘れずに

ここまで、起業資金を調達する方法をほぼ網羅して説明しました。ご自身の事業計画、ビジネスプランに合った、いくつかの方法を組み合わせて最適な資金調達を行っていただければと思います。

ここで、序章で説明した信用貨幣論から導かれるお金の正体を思い出してください。

序章では、お金とは、法人または個人の「(返済能力を基にした）信用」だと説明しました。

そして、起業して自らの力でお金を稼ぐということは、そのような信用を創り上げていく、増やしていくということと同じだと説明しました。

資金とは、あなたの「(返済能力を基にした)信用」です。それを高めるには、マインドをしっかり高め、共感と信頼度を高める経営戦略やビジネスプランを立て、周囲の方々に納得してもらうよう伝えることです。資金調達の方法を探る前に、第1章から第3章までのチェックリストを振り返って見直すことも大事かもしれません。

起業資金を調達する方法と、それぞれのメリット、デメリット、資金調達する際の気を付けるべき点について理解されたでしょうか。理解できれば、次のチェックリストに☑し、次のステップに進んでください。できていなければ、再度読み直し、理解するように努めてください。

□資金調達の方法を知っているか?

チェックリスト21　財務会計と管理会計の基礎を理解しているか？

あなたは、財務会計と管理会計の基礎を理解していますか。

財務会計とは、起業外部の利害関係者（株主、銀行などの債権者、税務署などの徴税当局）に対して、財務諸表を中心とした会計情報を提供することを目的とした会計です。

管理会計とは、会社の数字を活用して、どのように事業を行うかを判断することを目的とした、意思決定、業績管理のための管理方法です。

私は、ビジネススクール時代、財務諸表を分析して戦略を決定するスキルを学びましたので、財務会計は理解していると自信があったのですが、起業してからは、財務会計の知識はあまり役立たず、管理会計の知識が乏しいため、苦労した経験があります。

起業してからは、管理会計の知識を持っていれば、事業計画を立てる上でも、日々の業績管理の上でも、かなり役に立ちます。

これ以降の内容の多くは、『会計の基本』（岩谷誠治著）、『管理会計の基本』（千賀秀信著）を参考にし、一部引用してまとめています。

1　財務会計と管理会計の違い

財務会計と管理会計の違いを表4－2にまとめます。

財務会計と管理会計の定義は前述した通りですが、財務会計は、過去の業績を利害関係者に示す過去会計であり、管理会計は、将来の企業の理想像を創るための未来会計と理解してください。

2　財務会計の基礎

ここでは、財務会計で作成する財務諸表の基礎的な考え方を記します。

表4-2　財務会計と管理会計の違い

財務会計	管理会計
「経理」のための活用法	「経営」のための活用法
銀行などの金融機関・税務署など利害関係者に公表する。	自社の経営計画の意思決定や業績管理のために使う管理手法
過去会計⇒過去の業績を示す決算書をいかに正確に作成するかが目的	未来会計⇒経営情報を集め、経営者が会社の明るい未来を築くことが目的
扱うテーマ 1．決算書の理解 2．財務分析 3．経営分析	扱うテーマ 1．損益分析と業績管理 2．原価管理 3．経営計画の意思決定
作成する書類 ・貸借対照表 ・損益計算書 ・キャッシュフロー計算書	作成する書類 ・変動損益計算書 ・損益分岐点分析など

(1)　会計の5つのブロック

企業活動の会計は、「資産」「負債」「資本」「収益」「費用」の5種類のいずれかに分類されます。

(2)　会計の公式

会計の公式とは、会計の5つのブロックを組み合わせるときに定位置が決まっていることをいいます（図4―1）。会計の5つのブロックは、左の上から「資産」、「費用」、右の上から「負債」「資本」「収益」に組み合わせることが決まっています。左側の費用のブロックと右側の収益のブロックの差が利益となります。

ブロックを積むには、

① 列は左（借方）と右（貸方）の2つ
② 「会計の公式」の位置に積む。
③ 左（借方）と右（貸方）に同じ大きさのブロックを積む。

というルールがあります。

表4‒3　企業活動における会計の分類

資　産	現金や機械、土地など、実際に会社が所有する財産のようなもの
負　債	銀行からの借入金のように、会社が外部に対して有する債務
資　本	会社の手元にある金額。資本金など
収　益	売り上げのようにお金が入ってくる取引
費　用	給料や交通費のようにお金が出ていく取引

(3) 財務諸表の種類

財務諸表には、貸借対照表、損益計算書、キャッシュフロー計算書の3種類（財務三表）があります。

このうち、キャッシュフロー計算書の作成を義務付けている法律は金融商品取引法だけです。多くの株式を所有する上場企業が対象ですので、以降は、貸借対照表と損益計算書を説明します。

(4) 貸借対照表（(balance sheet, B/S)

貸借対照表とは、会計の5つのブロックのうち、上3つ（資産、負債、資本）を取り、費用と収益の差の利益を資本に組み入れたものです（図4−2）。会社の資金の使途と調達源

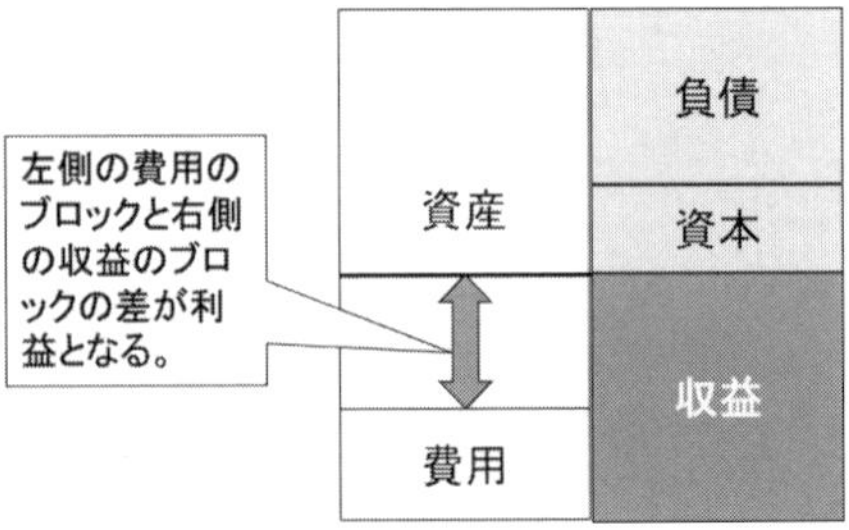

図4−1　会計の公式

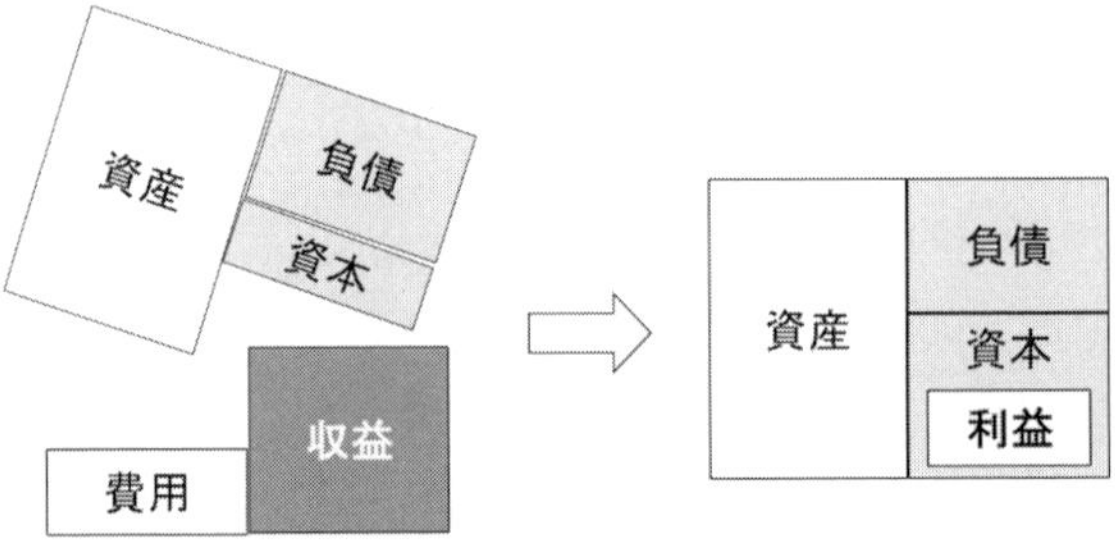

図4−2　貸借対照表

泉を表します。

図4−3の左側の資産のブロックは、会社に投下された資金の使途（使い道）を指します。右側の負債、資本のブロックは、会社の資金の調達源泉を表します。会社の持ち主から借り出した資金が資本（純資産）で返済義務のない自己資本であり、会社以外の第三者から調達した資金が負債で返済義務のある他人資本です。

このように貸借対照表では、会社の1年の資金の使い道を振り返り、資金の調達源泉のバランスを再検討する指標とすることができます。

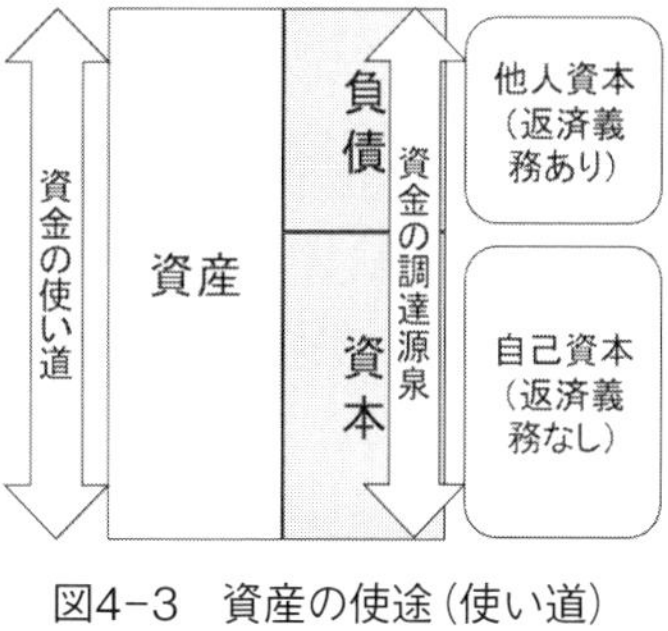

図4−3　資産の使途（使い道）

(5) 損益計算書（profit and loss statement、P/L）

損益計算書とは、会計の5つのブロックのうち、下2つ（費用、収益）のブロックをまとめたものです（図4−4）。費用と収益のブロックは一致しません。この大きさの違いが会社の利益または損益となります。

損益計算書の段階を表4−4にまとめます。

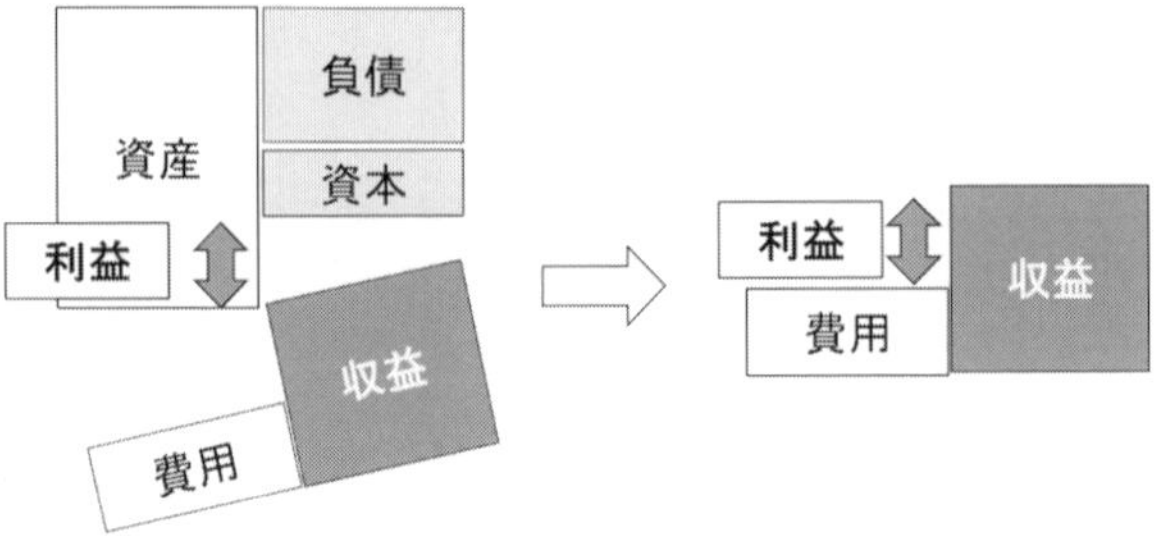

図4−4　損益計算書

表4−4　損益計算書の段階

売上総利益	売上高から売上原価を引いた額 売上総利益＝売上高−売上原価
営業利益	売上総利益から販売費及び一般管理費を引いた額 営業利益＝売上総利益−販管費
経常利益	営業利益に営業活動以外に発生する費用や収益を加算した額 経常利益＝営業利益＋営業外収益−営業外費用
税引前当期純利益	経常利益に通常年度では発生しない特別利益や特別損失を加算した金額 税引前当期純利益＝経常利益＋特別利益−特別損失
当期純利益	税引前当期純利益から税金等を控除したもの

3　管理会計の基礎

管理会計の目的は、未来への経営計画の意思決定や業績管理です。そのような未来会計である管理会計の主なテーマは、損益分析と業績管理、原価管理、経営計画の意思決定の３つになります。

(1)　損益分析と業績管理

損益分析とは、損益分岐点分析を行って、経営安定額（利益を生んでいる売上高）や固定費を支払うための売上高の確認する分析です。こうして、会社の損益体質を確認することができます。

業績管理とは、変動損益計算書を作成して、コスト構造を確認したり、付加価値（粗利益）分析をしたりすることです。

(2)　原価管理

変動費、固定費を確認し、原価を計算し、戦略的なコストマネジメントをすることです。

（3）　経営計画の意思決定

変動損益計算書などを基に短期的中期的な経営計画を作成することです。

損益分析と経営計画の意思決定は、次項以降で説明します。

財務会計と管理会計の違いや、それぞれの基礎的な知識を理解されたでしょうか。理解できれば、次のチェックリストに☑し、次のステップに進んでください。できていなければ、再度読み直し、理解するように努めてください。

□財務会計と管理会計の基礎を理解しているか？

チェックリスト22	損益分析ができるか？

あなたは、管理会計を基に損益分析ができますか。

損益分析の基本は、損益分岐点分析になります。損益分岐点分析を行うことによって、経営安定額（利益を生んでいる売上高）や、固定費を支払うための売上高を確認することができます。また、会社の損益体質（固定費型企業か変動費型企業か）を確認できます。さらに、変動費と固定費を確認できるので、原価管理も可能になります。

私のような無形のサービスを提供するようなコンサルタントには、損益分析は、あまり行うことはありませんが、飲食店や製造業、小売店などを起業する場合は、損益分析や原価管理はとても重要になります。

1　損益分岐点

損益分岐点とは、利益がゼロの売上高です。つまり、利益も損失もない状態が損益分岐点です。

簡単な式で表すと、利益＝売上高－費用になります。売上高と費用が同じ金額の状態が損益分岐点ゼロの状態ということになります。

この式をさらにわかりやすくすると、

利益＝売上高－（商品の原価＋販売にかかった費用）

となります。

2　変動費と固定費

損益分岐点分析をするときの「費用」は、変動費と固定費に分ける必要があります。

変動費とは、売上高に比例して発生する費用で、生産活動、販売活動を行うことに連動して必要になる直接費になります。たとえば、材料費、消耗品費、買入部品費、商品売上原価、外注費、発送配達費、燃料費などがあります。

固定費とは、常に一定額が発生する費用で、生産、販売体制を維持し、管理する費用が当たります。例えば、労務費、人件費、減価償却費、賃借料、交通費、広告費、教育費などがあります。

ここで、損益分岐点を表す式のうち、「商品の原価」を変動費、「販売にかかった費用」を固定費に置き換えると、

利益＝売上高－（変動費＋固定費）となります。

3　限界利益と限界利益率

損益分岐点は、利益も損益もないプラスマイナス0の状態ですから、

0＝売上高－（変動費＋固定費）、つまり、固定費＝売上高－変動費になります。

この売上高から変動費を差し引いた金額を限界利益と言います。直接手元に残る利益、付加価値を生む利益です。経営が赤字にならないためには、最低でも固定費＝限界利益となれば良いことになります。

限界利益は、次のような数式でも求められます。

限界利益＝売上高×限界利益率（総売上高の中の限界利益が占める割合）

固定費＝限界利益なので、この式は、

固定費＝売上高×限界利益率

となります。さらに、計算しやすくすると、

損益分岐点売上高＝固定費÷限界利益率　……①

という数式が成り立ちます。

4　経営安定率と損益分岐点比率

実際の数字を用いて、損益分岐点分析をしてみましょう。

本格的な味を追求する「麺屋　まつおか」というラーメン店がありました。その店のメ

ニューは、とんこつラーメンの1種類です。
「麺屋　まつおか」の1か月の販売数は2000杯、販売価格は1杯800円、ラーメン1杯当たりの材料費は240円、お店の家賃・光熱費合わせて50万円、人件費は、アルバイト定員2名を雇って20万円となります。
「麺屋　まつおか」のラーメン1杯の限界利益は、
800円（販売価格）－240円（変動費）＝560円になります。すると、限界利益率は、
560円（限界利益）÷800円（販売価格）×100＝70％となります。
1か月の固定費は、50万円＋20万円＝70万円なので、損益分岐点売上高は①の式から、
70万円（固定費）÷0・7（限界利益率）＝100万円となります。
「麺屋　まつおか」の1か月の売上高は、2000杯×800円＝160万円です。1か月の売上高から損益分岐点売上高を差し引いた金額を経営安定額（利益を生んでいる売上高）と言います。この場合の経営安定額は、160万円－100万円＝60万円となります。
そして、経営安定額÷1月の売上高×100＝経営安定率で、この場合は、
60万円÷160万円×100＝37・5％になります。

さらに100%から経営安定率を引いた%が損益分岐点比率となり、

この場合の損益分岐点比率は、100－37・5＝62・5%になります。

経営安定額から生まれる限界利益が利益となり、今回の「麺屋　まつおか」の利益は、60万円×0・7＝42万円となります。利益をさらに伸ばすには、損益分岐点売上高を超えた経営安定額を増やすか、変動費を抑えたり、あるいは販売価格を上げたりして限界利益率を上げる必要があります。

このように損益分岐点分析を行うと、会社の損益構造が把握でき、戦略的なコストマネジメントができるようになります。

損益分析の基礎的な知識を理解され、損益分岐点分析を行うことができるようになったでしょうか。できるようになれば、次のチェックリストに☑し、次のステップに進んでください。できていなければ、再度読み直し、理解するように努めてください。

□損益分析ができるか？

チェックリスト23　変動損益計算書を見ることができるか？

あなたは変動損益計算書を見ることができますか。そもそも変動損益計算書をご存知ですか。

変動損益計算書とは、一般に公表される決算書（損益計算書）とは異なり、費用を変動費、固定費に分類して作成する損益計算書です。

1　損益計算書と変動損益計算書の違い

財務会計での損益計算書と管理会計での変動損益計算書を比較してみましょう。

図4―5からわかるように、財務会計の損益計算書では、純利益はわかりますが、限界利益（付加価値）はわかりませんし、当然ながら、変動費と固定費の区別もわかりません。

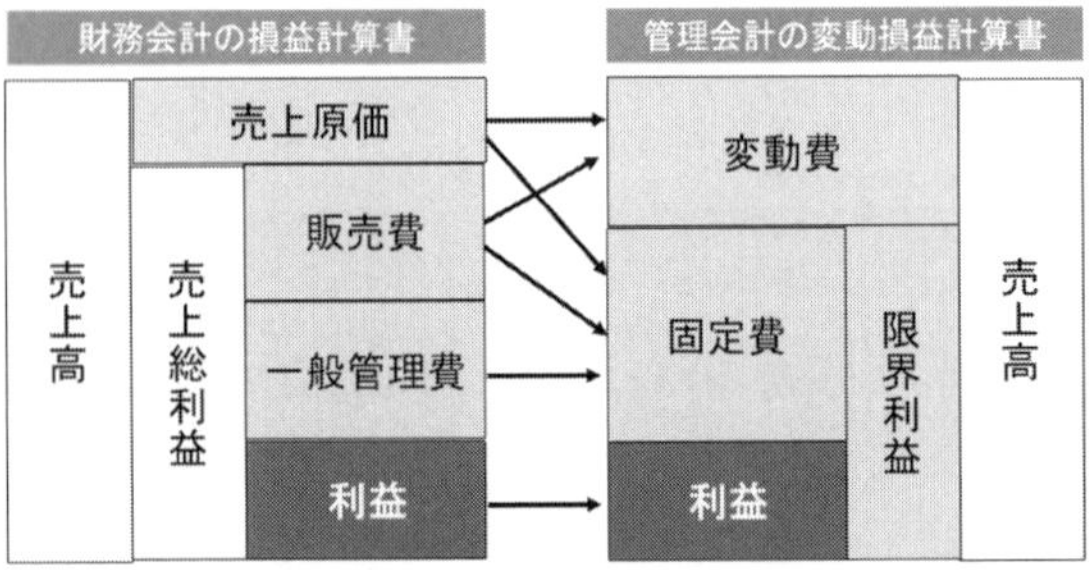

図4−5　損益計算書と変動損益計算書の比較

2　変動損益計算書からわかること

それでは、実際の事例を基に損益計算書と変動損益計算書を違いを説明し、変動損益計算書からわかることを記します。

表4―5は、あるスーパー銭湯の損益計算書です。

この損益計算書を見ると、売上原価率は88・6％、売上総利益率は11・4％となっています。ですから、損益計算書を見る限りにおいては、売上総利益を上げるには、売上原価を下げなければならないと判断しがちになりますね。

では、この損益計算書を変動損益計算書に変えて示します。

表4―6を見る限り、限界利益率は59・6％と、損益計算書の売上総利益率の11・4％の約5倍の数値となっています。変動損益計算書から、このスーパー銭湯で利益を上げるには、売上原価を下げるのではなく、限界利益を生み出す人件費やその他の固定費に投資する必要があることが判断できます。

変動損益計算書からは、一般に次のようなことが判断できると

表4-5　あるスーパー銭湯の損益計算書（単位：万円）

	金額	構成比
売上高	879,000	100.0
△売上原価	779,000	88.5
売上総利益	100,000	11.4
△販売管理費	69,300	7.9
営業利益	30,700	3.5

言われています。

①付加価値がつくられる流れ（バリューチェーン） ②固定費と変動費 ③付加価値の分配・内訳 ④限界利益と限界利益率 ⑤損益分岐点売上高と損益分岐点比率 ⑥経営安全額と経営安全率 ⑦労働分配率 ⑧労働生産性と一人当たりの人件費

変動損益計算書の見方を理解され、変動損益計算書からわかる経済指標を把握されたでしょうか。できるようになれば、次のチェッ

表4-6 変動損益計算書

	変動損益計算書	（単位：万円）	構成比①	構成比②
1	売上高	879,000	100.0	
	①商品売上原価	112,000	12.7	
	②業務委託費	117,000	13.3	
2	③水道光熱費	120,000	13.7	
	④ポイント販促費	6,000	0.7	
	変動費合計	355,000	40.4	
3	限界利益	524,000	59.6	100.0
4	限界利益率	59.6		
	A労務費	160,000	18.2	30.5
	B販管人件費	32,200	3.7	6.1
5	⑤人件費合計	192,200	21.9	36.7
	⑥その他経費	270,000	30.7	51.5
	⑦その他販管費	31,100	3.5	5.9
	固定費合計	493,300	56.1	94.1
6	営業利益	30,700	3.5	5.9

クリストに☑し、次のステップに進んでください。できていなければ、再度読み直し、理解するように努めてください。

□変動損益計算書を見ることができるか？

チェックリスト24　管理会計から経営計画を立てることができるか？

あなたは、管理会計からご自身の事業の経営計画を立てることができますか。

ここまでのチェックリストをクリアしてきたあなたには、この質問は、とても愚問に聞こえることでしょう。

なぜなら、成功する起業家に必要なマインドと経営理念をつくり、自己の能力を生かした経営戦略を策定し、安定的に顧客を獲得できる集客・営業のしくみを創り、そして、起業するに当たっての資金額や調達方法、管理会計の基礎を理解したあなたは、そこから、管理会計を基にした順調な資金繰りができる事業計画を立てることができるはずなのです。

1　事業計画は誰のために作成するのか

事業計画書とは、事業内容や企業の戦略・収益の見込みなどを説明するための文書です。ビジネスに必要な事業資金を調達するための鍵となる書類で、事業の立ち上げや継続に必要な資金を調達するために必要となります。

つまり、事業計画書とは、自分自身のビジネスプランの整理のために作成するというよりは、資金援助を求める銀行や投資家、経営者、家族などの協力者へ説明するために作成するものといえるでしょう。

2　事業計画書には、どのようなことを書くのか

事業計画書には決まった書式といったものはありません。金融機関ごとに定型の書式はありますが、それは統一されていないはずです。

では、どのような内容を書けばよいのでしょうか。一般的に次に挙げる項目を書いておけば、事業計画書として成り立つと考えられます。

① 創業者のプロフィール（創業メンバーも）

なぜあなたなのか？　なぜあなたならこの事業を成功させられるのか？

②　ビジョン・理念・目的

事業をすることでどのようになりたいのか？　どのような貢献ができるか？

③　事業の概要（ビジネスモデル）

④　自社のサービスや商品の強みや特徴

⑤　市場環境、競合について

お客様のベネフィット、競合商品・サービスの強み・弱み

⑥　販売やマーケティング戦略

ターゲッティング。お客様はどこにいるか？　どのように価値を伝えるか？

⑦　生産方法、仕入れ先など

⑧　売上予想

⑨　損益計算書予想

⑩　開業資金

いかがでしょうか。これまでの23のチェックリストをクリアすれば、作成するのにさほど苦労はしないはずです。

右記の項目の中で、資金援助する協力者は、どこを重視するのでしょうか。

私は、①と②だと考えています。実際に、金融機関の融資担当者にも聞いたことがありますし、ベンチャーキャピタリストの公表されているコメントにも、ビジネスプランの実現可能性や優位性よりも、起業家のプロフィール、覚悟（本気度）、ビジョン、情熱を重視すると書かれていました。

さらには、直接面談した際に醸し出す起業家の人物としての魅力、そこから感じられるものも判断基準として高いと私は思います。この人は資金援助、投資に値する人物なのかを肌感覚で判断するということでしょうか。そうなると、事業計画書なんて意味ないじゃないの？ と思われるかもしれませんが、投資に値するような人間性や肌感覚としての雰囲気（オーラ）を裏付け、保証する意味でも、しっかりとした事業計画書は必要なのだと受け止めてください。

管理会計を基にした事業計画書の立て方を理解されたでしょうか。できるようになれば、これで、成功する起業家になれるチェックリストはすべてクリアできたことになります。できていなければ、再度読み直し、理解するように努めてください。

□管理会計から経営計画を立てることができるか？

●第4章のまとめ

これまで順調に資金繰りできるビジネスプラン創りの具体的な方法として、以下の6つのチェックリストをクリアできるようにまとめました。

□チェックリスト19　どのくらい資金が必要か理解しているか？
□チェックリスト20　資金調達の方法を知っているか？
□チェックリスト21　財務会計と管理会計の基礎を理解しているか？
□チェックリスト22　損益分析ができるか？
□チェックリスト23　変動損益計算書を見ることができるか？
□チェックリスト24　管理会計から経営計画を立てることができるか？

以上のようなチェックリストをクリアしたあなたは、起業資金の算定法や資金調達のさまざまな方法、管理会計の基礎から変動損益計算書を基にした損益分析、さらにはそれらすべてを踏まえた事業計画書の作成方法を理解し、起業を心に決めたときから、順調な資金繰りができるはずです。

起業に最も大事なもの、ビジネスにおいて最も重要視するものは、資金ではなく、理念、ビジョンであることは忘れないでおいてください。なぜなら、お金とは「信用」であり、あなたがより多くの他者から「信用」を得ることができれば、資金は集まってくるからです。

タレントのタモリさんの「お金は持たなくても俺、信用があるから大丈夫ですよ」の深い意味を理解してください。「信用」があれば、資金繰りが難しい状況でも、いずれ好転し、資金が集まってきます。その逆に、「信用」がなければ、たとえ潤沢に資金があろうとも、やがて資金は消失していくことでしょう。

おわりに

幸福な人とあきらめない人が成功する

「幸福感こそが成功の前提なのだ」
（ショーン・エーカー、ポジティブ心理学者）

「こけたら、立ちなはれ」
（松下幸之助）

「私たちの最大の弱点はあきらめることにある。成功するのに最も確実な方法は、常にもう一回だけ試してみることだ」　（エジソン）

ここまで、起業して成功するための理論や実践法を24のチェックリストとしてまとめ、記述してきました。

本書は、私が起業する際にこんな本があれば、あのとき苦労せずに済んだだろうという思いで執筆しました。それに加え、私の周囲で独立して成功した起業家の方々と直接話したり、面識のない方の場合は調べたりした内容をもとにしています。さらに、私が起業家養成研修のために作成したコンテンツをも取り入れています。そのようにして抽出した、起業して成功するために必要な要因を、本書では24のチェックリストという形で整理しています。

これから起業を目指す方はもちろんのこと、起業したばかりのアントレプレナーにもぜひ読んでいただきたいと存じます。24のチェックリストすべてをクリアすれば、高い確率で起業したビジネスは成功すると確信しております。24をすべてクリアしなくても、起業してからチェックリストを一歩一歩クリアしていっても良いと思います。大事なのは、まずは起業する覚悟を持ち、マインドを養って起業してみることです。

ビジネスに限らず、何事においても必ず成功する秘訣があるとすれば、私は、次の2つと思います。1つは、「幸福感を高めること」、2つ目は、「成功するまであきらめずに継続すること」です。

「成功した人が幸福なのではなく、幸福な人こそが成功する」ことは、冒頭に紹介したショーン・エーカーを始めとした多くのポジティブ心理学者が研究成果によって証明しています。私は、それは真理だと信じています。

また、発明王エジソンや、パナソニック創業者の松下幸之助氏が言うように、「失敗を恐れず成功するまでやり続けること」も成功する秘訣だと思います。多くの成功した起業家は、例外なくあきらめずに挑戦し続けた人でした。だからこそ、私は、チェックリストの2番目という早い段階で、レジリエンス（復元力）、グリット（やり抜く力）、共同体感覚の3つのマインドの必要性を示したのです。

起業を目指す人、起業間もない起業家が本書をお読みになり、ビジネスの成功に何かしら貢献できますことを強く願い、筆をおきたいと思います。

本書は、私の3冊目の著書になります。いずれも大学教育出版の佐藤守社長の御厚情により出版することができました。この場を借りて厚く御礼申し上げます。

本書の内容は、お世話になっている研修会社主催の起業家養成講習のために私が作成した研修コンテンツを基に執筆しました。起業家養成講習の講師として登壇させていただいた研修会社と、講師として楽しくも深い学びをいただいた受講者の皆様に感謝申し上げます。無事、起業され成功されておりますことと拝察しております。

起業する直前の3年間、京都での出向時代に、私は現在の活動を支えるさまざまな経験をすることができました。その経験があるからこそ、このような起業家養成の本が書けたと思います。京都時代に知己を得たすべての友人に深く感謝します。

私の一番の愛読者である母にも感謝の言葉を贈ります。今回は、少しだけ読みやすくなったかもしれません。

そして、いつも私をさまざまな形で支えてくれている妻に心から深く感謝の言葉を捧げます。いつの日か、あなたが起業しても困らないような本を書いたつもりです。日頃からの変わらぬ敬愛をこめて。

参考文献

『経済発展の理論』（ヨゼフ・シュンペーター著）
『イノベーションと企業家精神』（ピーター・ドラッカー著）
『オーセンティック・リーダーシップ』（ハーバード・ビジネス・レビュー編）
『「いい質問」が人を動かす』（谷原誠著、文響社）
『凡人が最強営業マンに変わる魔法のセールストーク』（佐藤昌弘著、日本実業出版社）
『ウォール街の狼が明かす　ヤバすぎる成功法則』（ジョーダン・ベルフォード著、フォレスト出版）

引用文献

『真説・企業論』（中野剛志著、講談社）
『中小企業白書』（２０１８年）
『日本の没落』（中野剛志著、幻冬舎）
『やり抜く力 ＧＲＩＴ（グリット）』（アンジェラ・ダックワース著、ダイヤモンド社）
『稲盛和夫 Official Site』
『ハイパワー・マーケティング』（ジェイ・エイブラハム著、ジャック・メディア）
『影響力の武器』（ロバート・Ｂ・チャルディーニ著、誠信書房）
『会計の基本』（岩谷誠治著、日本実業出版社）
『管理会計の基本』（千賀秀信著、日本実業出版社）

■著者略歴
松岡　孝敬（まつおか　たかのり）
株式会社ポジティビティ代表取締役
一般社団法人エグゼクティブプレゼンス代表理事
鹿児島大学理学部生物学科卒業
神戸大学大学院理学研究科生物学専攻
名古屋商科大学大学院（NUCB）にて経営学修士（MBA）を取得
レジリエンス・トレーナー、強みを開発するビジネスコーチ・コンサルタント、実践書作家、認定シニアMBAエグゼクティブコーチ。
今日もどこかで人と組織のレジリエンスを強化し、強みを開発し、幸福度を高める原稿を書き続けている。

**成功する起業家になれる
24のチェックリスト**

2020年8月10日　初版第1刷発行

■著　　者――松岡孝敬
■発 行 者――佐藤　守
■発 行 所――株式会社 大学教育出版
〒700-0953　岡山市南区西市855-4
電話（086）244-1268(代)　FAX（086）246-0294
■D　T　P――難波田見子
■印刷製本――モリモト印刷(株)

© Takanori Matsuoka 2020, Printed in Japan
検印省略　　落丁・乱丁本はお取り替えいたします。
本書のコピー・スキャン・デジタル化等の無断複製は著作権法上での例外を除き禁じられています。本書を代行業者等の第三者に依頼してスキャンやデジタル化することは、たとえ個人や家庭内での利用でも著作権法違反です。

ISBN978-4-86692-083-2

■好■評■発■売■中■

人と組織を活性化させる 46の強みの活用術

松岡孝敬 著

ISBN978-4-86429-991-6
四六判 二三八頁 定価：本体一、八〇〇円＋税

本書は、人と組織の強みを発見し、開発・活用方法を示す。ポジティブ心理学の理論を基に、人と組織の強みの活用法を示し、職場で人と組織が活性化し、成長・成功するノウハウを実例を示しながら解説する。

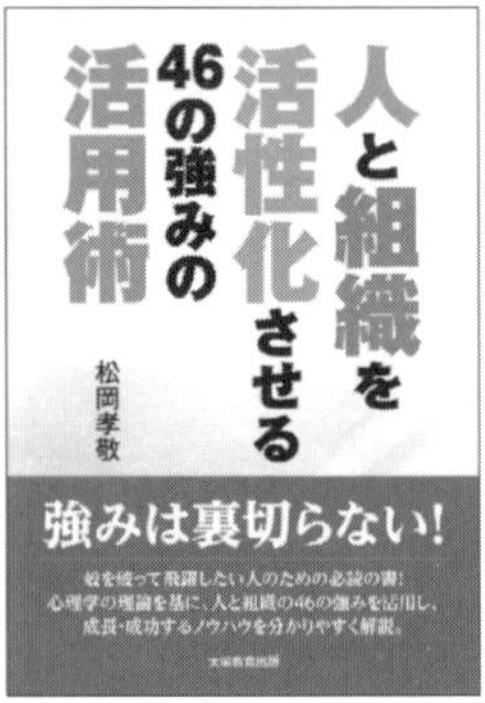

生命体的企業とは何か

―生命のシステムに学ぶ成長し続ける企業の創り方―

松岡孝敬 著

ISBN978-4-86692-051-1
四六判 一八六頁 定価：本体一、八〇〇円＋税

「経営のすべては生物に宿る」として、理念はDNA、リーダーは核、社員は細胞と見立てて、生物を通して考察した企業経営論。持続的に成長する企業を目指すすべての経営者と起業家必読の書。

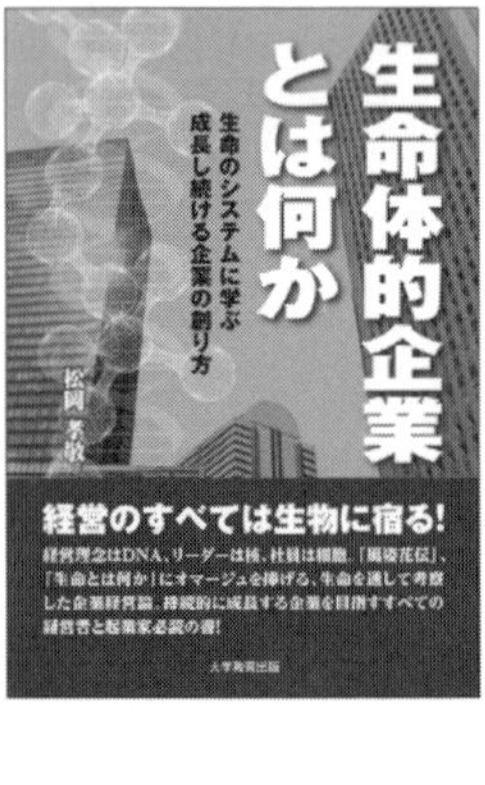